Blijven mensen altijd bestaan?

In dezelfde serie verschenen:

Magriet van der Heijden & Maarten Frankenhuis
Drinken vissen water?
en andere vragen van kinderen aan Artis

Bas van Lier
Spreken we in Europa straks allemaal Europees?
en andere vragen van kinderen aan de Europese Unie

Herman Pleij
Zwemmen er haaien in de slotgracht?
en andere vragen van kinderen aan het Muiderslot

Cor de Horde
Heeft de koningin een huissleutel?
en andere vragen van kinderen aan het koningshuis

Christa Carbo
Krijgt de politie ook wel eens een bon?
en andere vragen van kinderen aan de politie

© Bas van Lier 2009
Alle rechten voorbehouden
Illustraties Eva Klose
Vormgeving Novak
NUR 218
ISBN 978 90 468 0649 4
www.nieuwamsterdam.nl/basvanlier

Bas van Lier

Blijven mensen altijd bestaan?
en andere vragen van kinderen aan NEMO over leven

Met illustraties van Eva Klose

Nieuw Amsterdam *Uitgevers* in samenwerking met

Inhoud

Waar is leven van gemaakt?

Alles wat leeft is gemaakt van cellen. Bacteriën bestaan maar uit één cel. Sommige schimmels en algen ook. Maar de meeste levende wezens bestaan uit miljoenen cellen bij elkaar. Een mensenlichaam is opgebouwd uit ongeveer 2 biljoen cellen.

Cellen zijn zo klein dat je ze alleen met een microscoop kunt zien. Wat je dan ziet is een bolletje gevuld met vloeistof waarin vaak een nog kleiner balletje drijft. Dat is de celkern. In die celkern zit DNA en dat is de belangrijkste bouwsteen van het leven. DNA bepaalt hoe een levend wezen eruitziet en wat hij kan.

Cellen kunnen zich in tweeën delen. Alles wat leeft is begonnen met één cel. Jij ook. Eerst was er één cel, toen twee, toen vier, toen acht, enzovoort. In het begin lijken al die cellen nog heel erg op elkaar. Maar al snel gaan cellen zich specialiseren. Sommige cellen worden botcellen, andere cellen worden spiercellen of huidcellen, oogcellen of hersencellen.

Dat de ene cel een botcel wordt en de andere een levercel komt door het DNA. In elke cel in een lichaam zit hetzelfde DNA. In een darmcel zit dus ook het DNA dat de kleur van je ogen bepaalt en de vorm van je neus. Maar in de darmcel is alleen het stukje DNA gebruikt dat die cel tot een darmcel maakt. En in een oogcel wordt alleen het stukje oog-DNA gebruikt.

Je mag het wel een wonder noemen dat één cel kan uitgroeien tot miljoenen cellen die allemaal precies weten wat ze moeten doen. Dat is één van de wonderen van het leven.

Hoe begon het leven?

Dat weet niemand echt zeker, maar veel wetenschappers denken dat het leven is begonnen met bepaalde stoffen die aminozuren worden genoemd. Aminozuren zijn de bouwstenen van eiwitten. En eiwitten zijn weer belangrijke bouwstoffen voor levende cellen.

Die aminozuren zijn waarschijnlijk 3,8 miljard jaar geleden ontstaan, 700 miljoen jaar nadat de aarde zelf is ontstaan. De aarde was op dat moment grotendeels bedekt met water, met allerlei stoffen erin opgelost. Dat water wordt ook wel de oersoep genoemd. Door blikseminslagen en door de warmte van de zon ontstonden in die oersoep allerlei nieuwe stoffen, waaronder de aminozuren.

In 1953 deden twee Amerikaanse onderzoekers een experiment om te bewijzen dat het zo kan zijn gegaan. In een glazen bol deden ze water en de gassen die in die vroegste tijd ook in de lucht rond de aarde zaten: methaan, ammoniak en waterstofgas. Tussen twee metalen staafjes, elektrodes, werden bliksems nagebootst. Na een week bleken er inderdaad aminozuren te zijn ontstaan.

Dezelfde proef wordt sinds 2009 in het science center NEMO in Amsterdam gedaan. Alleen hier duurt het experiment vijf jaar.

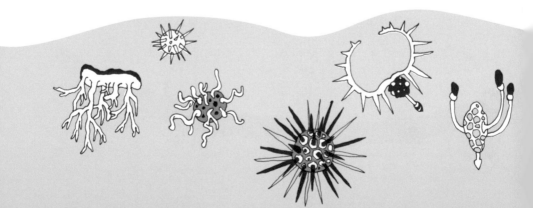

In 2014 wordt de bol opengemaakt om te kijken wat er in het water zit. Het is niet waarschijnlijk dat er dan al levende cellen in dat water zullen zitten. Want in het echt heeft dat misschien wel een paar honderd miljoen jaar geduurd. Hoe het precies is gegaan weet niemand, maar uit de aminozuren zijn uiteindelijk levende cellen, bacteriën, ontstaan.

Ongeveer 2,3 miljard jaar geleden kwamen er bacteriën die, net als planten, zuurstof maakten. Zo kwam er zuurstof in de lucht. Daar werd de zuurstof omgezet in ozon, een stof die ons nog steeds beschermt tegen schadelijke straling van de zon.

Op aarde werden de omstandigheden daardoor steeds gunstiger voor andere vormen van leven. Behalve bacteriën kwamen er nu ook meercellige levende wezens, zoals algen.

Pas zo'n 500 miljoen jaar geleden begon de aarde een beetje te lijken op hoe zij er nu uitziet. Op het land begonnen planten te groeien en langzaamaan kwamen er steeds meer dieren bij. Eerst insecten, later vissen, daarna amfibieën – dieren die zowel in het water als op het land kunnen leven, zoals kikkers. Weer later ontstonden er ook reptielen, vogels en zoogdieren.

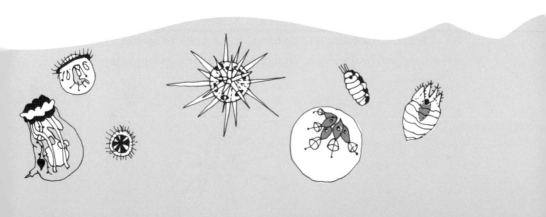

Waarom heeft een boom geen ogen?

Wat zou een boom met die ogen moeten doen? Een boom staat rustig in het bos, met zijn voeten stevig in de grond. Hij kan niet weg, hij hoeft nergens naar toe. Een boom verplaatst zich niet en hoeft dus ook niet te zien waar hij heen gaat. Hij hoeft ook geen prooien te vangen om te eten.

Dieren en mensen hebben ogen om zich te kunnen verplaatsen en om hun voedsel te vinden. Elke soort heeft precies de ogen die hij nodig heeft. Roofvogels, zoals een havik of een buizerd, hebben heel goede ogen waarmee ze van hoog in de lucht het kleinste muisje kunnen zien scharrelen.

Maar mollen, die onder de grond leven, hebben hele kleine en slechte ogen. Er valt daar onder de grond toch niet zoveel te zien. In plaats daarvan hebben mollen een heel gevoelige neus met snorharen, waarmee ze heel goed hun omgeving kunnen voelen.

Aan deze voorbeelden kun je zien dat diersoorten zich aanpassen aan hun omgeving. Dat gaat bijvoorbeeld zo: haviken met goede ogen vangen meer prooien dan soortgenoten met minder goede ogen. Zij zijn daardoor sterker en gezonder en krijgen meer nakomelingen. Zo komen er steeds meer haviken met betere ogen. Als die samen weer kinderen krijgen, dan is de kans groot dat die kinderen nog scherpere ogen hebben. En zo gaat dat door.

Deze ontwikkeling van de havik, maar ook van andere diersoorten, heet evolutie. De veranderingen gaan heel langzaam.

Het duurt duizenden, soms miljoenen jaren voordat er echt een verschil merkbaar is tussen een dier en zijn verre voorouder.

Een paar jaar geleden werd in Israël 100 meter in de grond een grot ontdekt, de Ayalon-grot. Er komt daar geen spatje licht, maar er bleken toch dieren te leven. Onderzoekers vonden er meteen acht nieuwe diersoorten, waaronder vier verschillende soorten kreeften en een schorpioen. Geen van de dieren had ogen. Die zijn ze, denken de onderzoekers, in de loop van miljoenen jaren verloren. Ze hadden er daar in het pikkedonker toch niks meer aan.

Wat is het kleinste dat leeft?

De kleinste levende wezens zijn bacteriën. Ze zijn meestal tussen de 1 en 5 micrometer lang. Dat is onvoorstelbaar klein. Pak een liniaal, bekijk daarop de afstand van 1 millimeter en deel die vervolgens door 1000. Dat is 1 micrometer.

Dat is zó klein, daar heb je een microscoop bij nodig om het te kunnen bekijken. Zo'n ding heet dus niet voor niks micro-scoop.

Er bestaan bacteriën die nog kleiner zijn. Van een bacterie die Rickettsia heet bestaan miniuitvoeringen van 0,1 micrometer. Dat is een millimeter gedeeld door 10 000! Ze zijn nog gemeen ook, die pieperds. Rickettsia-bacteriën kunnen enge ziekten veroorzaken zoals vlektyfus. Dat is een besmettelijke ziekte waar je huiduitslag, koorts en hoofdpijn van krijgt en misselijk van wordt.

Er zijn meer bacteriën die ziekten kunnen veroorzaken, zowel bij mensen en dieren als bij planten. Bij mensen en dieren kunnen deze ziekten meestal met medicijnen worden bestreden.

Gelukkig zijn de meeste bacteriën helemaal niet zo gemeen. Ze doen vaak goed werk. In je darmen zitten namelijk ook bacteriën. Die helpen je voedsel af te breken. Ze zetten het voedsel om in stoffen die je lichaam nodig heeft.

Bacteriën zijn ook goede afvalopruimers. In de natuur ruimen ze dode planten en dieren op door ze op te eten. Mensen gebruiken bacteriën ook om medicijnen en voedingsmiddelen te maken. Zo kunnen melkzuurbacteriën bijvoorbeeld melk in karnemelk en yoghurt veranderen.

Wat is een plant eigenlijk?

Planten heb je in heel veel verschillende soorten en maten. Er zijn kleine eencellige planten, die algen worden genoemd. Er zijn waterplanten en wieren die in het water leven. Er zijn planten met grote kleurige bloemen en er zijn groene planten die vooral veel groene bladeren hebben. En de grootste planten die er zijn, heten bomen.

Wat al die verschillende soorten planten gemeen hebben, is dat ze in hun cellen bladgroenkorrels hebben. Dat zijn inderdaad korrels die de bladeren van planten groen kleuren. Maar die korrels kunnen bovendien iets waardoor planten zo ongelooflijk belangrijk zijn voor al het leven op aarde. Ze maken namelijk de voedingsstoffen en de zuurstof die mensen en dieren nodig hebben om te leven.

Om die voedingsstoffen en zuurstof te maken hebben planten alleen maar zonlicht, water en koolstofdioxide nodig. Zonlicht is er elke dag, water valt als regen uit de lucht en koolstofdioxide is wat mensen en veel dieren uitademen. Planten kunnen dus vrijwel altijd hun belangrijke werk doen.

Het omzetten van zonlicht, water en koolstofdioxide in zuurstof en voedingsstoffen heet fotosynthese. Zonder fotosynthese zou er geen leven zijn. De zuurstof in de lucht zou gauw op raken. Er zou ook geen gras groeien voor de koeien, zodat we geen melk en vlees konden eten. Er zou geen maïs zijn voor de kippen en dus geen eieren en kippenpootjes. Er zou ook geen graan zijn om brood van te bakken en aardappelen, tomaten, bananen en sinaasappelen had je dan ook niet.

Planten zijn dus gewoon de gangmakers van het leven.

Wanneer werd de eerste mens geboren?

Ja zeg, dat willen we allemaal wel weten. Of in ieder geval de duizenden wetenschappers over de hele wereld die zich met deze vraag bezighouden. Vooral paleontologen doen er onderzoek naar. Paleontologen bestuderen de ontwikkeling van het leven op aarde. Dat doen ze door te zoeken naar fossielen, dat zijn versteende resten van planten en dieren. En dus ook van mensen.

Er zijn inmiddels heel veel fossielen ontdekt van voorlopers van de mens. Elk fossiel vormt een stukje van een grote puzzel die nog lang niet af is. Waar en wanneer nou precies de eerste moderne mens is geboren, blijft daarom onderwerp van discussie.

Maar over de grote lijn zijn de meeste paleontologen het wel eens. Ze gaan ervan uit dat ongeveer 6 miljoen jaar geleden apensoorten zijn ontstaan die niet meer op vier, maar op twee benen liepen. In ongeveer 3,5 miljoen jaar tijd zijn daaruit steeds weer nieuwe soorten ontstaan.

Rond 2,5 miljoen jaar geleden liepen in Afrika uiteindelijk de vroegste mensachtigen rond. Die leken nog niet op de moderne mens. Maar in de indeling van het dierenrijk worden ze al wel tot het geslacht *Homo* gerekend. *Homo* is het Latijnse woord voor mens.

Hierna duurde het opnieuw ruim 2 miljoen jaar voordat
de moderne mens, onze soort ontstond. *Homo sapiens* wordt die
soort genoemd. Dat betekent 'wetende mens'. Op basis van alle
vondsten die nu zijn gedaan zeggen onderzoekers dat de eerste
(moderne) mens 200 000 jaar geleden in Afrika is geboren.

Bestaan er aliens?

Het woord 'alien' betekent letterlijk 'vreemd' of 'zonderling' en ook 'buitenaards'. Je krijgt er meteen een griezelig gevoel bij. Daar zie je ze al voor je, *creepy* wezens met een vreemde vorm, veel te grote ogen en laserstralen die uit hun vingers schieten.

In films zijn buitenaardse wezens vaak vijandig. Ze komen op aarde om alle mensen te vernietigen en de aarde over te nemen. Erg logisch is dat eigenlijk niet. Ga maar na: als wij het voor elkaar zouden krijgen om op een andere bewoonde planeet terecht te komen, zouden we dan met getrokken geweren of juist met uitgestoken hand uit het ruimteschip stappen? Volgens mij het laatste, want we zijn alleen maar nieuwsgierig naar andere ruimtebewoners. Dus als andersom die ruimtebewoners ooit ons vinden, waarom zouden ze dan niet hetzelfde doen?

Kunnen ze bestaan, die aliens? De kans is helemaal niet klein. Alleen in ons sterrenstelsel, de Melkweg, zijn er al 200 miljard sterren. Van 300 van die sterren weten we inmiddels zeker dat er, net als bij onze zon, planeten omheen cirkelen. Je mag aannemen dat dat bij veel van de andere sterren ook het geval zal zijn. Zou er dan niet bij één van die sterren een planeet zijn die op de aarde lijkt, waar 'aliens' op wonen? En dan hebben we het alleen nog maar over de Melkweg. Terwijl er in het heelal nog miljarden van zulke sterrenstelsels met heel veel sterren zijn.

Maar áls ze er al zijn, dan gaat het lang duren voordat we contact kunnen maken. Het Melkwegstelsel is namelijk 100 000 lichtjaren groot. Dat betekent dat als je met de snelheid van het licht zou kunnen vliegen – 300 000 kilometer per seconde –, je 100 000 jaar nodig zou hebben om van de ene naar de andere kant te komen.

We zouden een ruimteschip moeten uitvinden dat met de snelheid van het licht kan vliegen om zelfs de dichtstbijzijnde sterren te kunnen bezoeken. Want met een 'gewoon' ruimteschip ben je naar een ster op 10 lichtjaren afstand iets van 200 000 jaar onderweg.

Vergeefse moeite, zeggen sommigen, want aliens bestaan toch niet. Anders waren ze allang bij ons op bezoek geweest.

Hoe is de aarde ontstaan?

Het ontstaan van de aarde is begonnen met een enorme gaswolk. Miljarden jaren geleden zweefden er gigantische gaswolken door de ruimte. Doordat die wolken langzaam ronddraaiden werden ze steeds platter. Tegelijkertijd trokken de gasdeeltjes in die wolken naar elkaar toe. Zo ontstonden in het midden van de wolken langzaam groeiende sterren.

Uit zo'n gaswolk is ook ons zonnestelsel ontstaan. In de loop van tientallen miljoenen jaren groeide in het midden van de wolk een ster: de zon. Kleine stofdeeltjes die rondom die ster draaiden, klonterden daarna steeds meer samen tot verschillende planeten. Dat duurde opnieuw miljoenen jaren.

Uiteindelijk, 4,5 miljard jaar geleden, had het zonnestelsel de vorm die het nu nog heeft. Rondom de zon draaien sindsdien de acht planeten Mercurius, Venus, Aarde, Mars, Jupiter, Saturnus, Uranus en Neptunus.

In het begin van haar bestaan is de aarde een paar keer in botsing gekomen met rondzwevende bijna-planeten en kometen. Eén botsing met een bijna-planeet leverde zo'n knal op, dat heel veel materiaal van de aarde weer de ruimte in werd geslingerd. Uit dat materiaal is de maan ontstaan.

Bij latere botsingen met kometen en meteorieten, en bij vulkaanuitbarstingen zijn gassen vrijgekomen die rondom de aarde zijn blijven hangen. Zo is de dampkring ontstaan, de kring van gassen om de aarde. Bij deze botsingen en vulkaanuitbarstingen is ook het water in de oceanen ontstaan.

Wat zorgt ervoor dat je kunt denken en gedachten en gevoelens hebt?

Stroompjes en stofjes in onze hersenen zorgen ervoor dat we kunnen denken, voelen, begrijpen, praten, lezen, leren, onthouden en verzinnen. Honderden miljoenen kleine elektrische stroompjes schieten voortdurend door de zenuwcellen in je hersenen. Die cellen geven elkaar berichten door via allerlei verschillende boodschapperstofjes. Superingewikkeld allemaal. Maar het is ook wel onvoorstelbaar ongelofelijk wat je hersenen allemaal kunnen.

Menselijke hersenen maken maar een klein deel uit van het hele lichaam: sterker nog, ze passen er wel 50 keer in. Maar ze gebruiken 10 keer zoveel zuurstof als de rest van het lichaam. En van alle energie die je binnenkrijgt door te eten, wordt een kwart door de hersenen gebruikt. Je hersenen zijn dus grootverbruikers, maar dat is niet verwonderlijk als je nagaat wat daarbinnen allemaal gebeurt.

De hersenen zien eruit als een zachte grijze massa in de vorm van een uitvergrote walnoot. Ze bestaan uit honderd miljard zenuwcellen, die met langere en kortere uitlopers met elkaar verbonden zijn. Een zenuwcel kan zo met duizend andere zenuwcellen in contact staan. In je hoofd zit dus een gigantisch ingewikkeld netwerk van zenuwcellen.

De zenuwcellen in je hersenen maken bovendien via je ruggenmerg contact met nog eens miljoenen zenuwcellen in je hele lichaam. Al die zenuwcellen bij elkaar vormen het zenuwstelsel dat ervoor zorgt dat je kunt waarnemen (voelen, zien, horen, ruiken, proeven) en bewegen.

Al die zenuwcellen zijn voortdurend met elkaar aan het communiceren. Ze geven elkaar de hele tijd seintjes door. Die seintjes schieten als elektrische stroompjes door de uitlopers naar het uiteinde van een zenuwcel. Daar worden de seintjes door boodschapperstofjes doorgegeven aan de volgende zenuwcel, die weer een stroompje maakt en zo gaat dat door.

Dit klinkt al niet erg eenvoudig. Maar probeer je nu eens de wirwar van stroompjes en seintjes in je hoofd voor te stellen bij alles wat je nu doet. Je leest nu deze tekst. Je ogen zien de letters en je hersenen maken daar woorden van en zorgen dat je begrijpt wat er staat.

Ondertussen voel je het boek in je handen. Met je billen voel je ook de stoel waar je op zit. Je oren horen de muziek die je op hebt staan, maar ze registreren ook dat er buiten een auto langsrijdt. Je merkt verder dat je het een beetje koud hebt. En het vrolijke of verdrietige gevoel dat je al de hele dag hebt, is er ook nog steeds. Al die gevoelens en gedachten flitsen allemaal tegelijkertijd door je hersenen. En alsof dat nog niet genoeg is houden je hersenen ook nog eens automatisch je hartslag, je ademhaling, je lichaamstemperatuur en je spijsvertering aan de gang. Geen wonder dat je hersenen zoveel zuurstof en energie nodig hebben.

Als je meer wilt weten over de hersenen, dan kun je kijken op www.neurokids.nl.

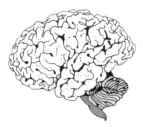

Wanneer ben je dood?

Als je hart niet meer klopt en je haalt geen adem meer, dan ben je dood. Soms is het mogelijk iemand weer tot leven te wekken. Maar dat moet dan wel heel snel gebeuren, want na een paar minuten is de dood echt definitief.

Als de hersenen 4 à 5 minuten geen zuurstof krijgen, dan beginnen de hersencellen af te sterven. En dode hersencellen kunnen niet meer worden hersteld of vervangen door nieuwe cellen.

Een goede test om te zien of iemand dood is, is de pupiltest. Als je met een lampje in het oog van een levend mens schijnt, dan zie je dat de pupil in dat oog snel veel kleiner wordt. Dat is een automatische reactie, die zorgt dat er niet te veel licht ineens in het oog komt. Je kunt het bij jezelf proberen, terwijl je in de spiegel de pupil in je oog bekijkt.

De automatische reactie van je pupillen op licht wordt geregeld door je hersenen. Dus als de pupil niet kleiner wordt wanneer je met een lampje direct in het oog schijnt, dan weet je zeker dat de hersenen het niet meer doen. De persoon bij wie de pupil niet meer verkleint, is dus echt dood.

Wonen er ook dieren op andere planeten?

Er wordt al heel lang serieus onderzoek gedaan naar buitenaards leven, maar het keiharde bewijs dat zulk leven bestaat is nog niet gevonden. Er zijn alleen maar aanwijzingen dat er leven buiten de aarde zou kunnen zijn.

Om te beginnen is er de simpele kansberekening. Er zijn honderden miljarden sterren in het heelal. Van sommige van die sterren weten we inmiddels dat daar ook planeten omheen draaien. Dat zal daarom bij heel veel van die miljarden andere sterren ook zo zijn.

De kans dat er ergens nog een planeet is zoals de aarde die om een ster zoals de zon draait, is dus vrij groot. Misschien zijn er wel 10 000 van zulke aardeachtige planeten, of 100 000. En zou dan toevallig alleen op de aarde leven voorkomen?

Nog een aanwijzing: alle stoffen waar het leven uit is opgebouwd, zijn in de ruimte aanwezig. Sterker nog, ze zijn in de ruimte gemaakt. In het binnenste van sterren.

Ooit waren er alleen gaswolken met waterstof en helium in de ruimte. Dat zijn de meest eenvoudige en lichtste stoffen die er zijn. Uit die gaswolken zijn sterren ontstaan en in het binnenste van die sterren vormden zich nieuwe stoffen. Omdat het daar binnenin een ster zó warm is, veranderen waterstof en helium er in stoffen als koolstof, stikstof en fosfor. En dat zijn de basisstoffen voor het leven.

Het zou wel toevallig zijn als die stoffen juist alleen op de aarde leven hebben gevormd. Daarom denken veel wetenschappers dat het heel goed mogelijk is dat er ergens in het heelal bacteriën en bijvoorbeeld garnaaltjes, vissen en zelfs grotere dieren leven. Misschien loopt op een of andere planeet een paar honderd licht-jaar hiervandaan wel een soort dinosauriërs rond. Het zou zomaar kunnen.

Blijven mensen altijd bestaan?

Het meest waarschijnlijke antwoord op deze vraag is: nee. Maar voordat je daar verdrietig over wordt, moet je eerst maar even doorlezen. Want het is net zo waarschijnlijk dat de mens in ieder geval nog héél lang blijft bestaan.

Bij dit soort vragen moet je naar de grote geschiedenis kijken. De aarde zelf is namelijk 4,5 miljard jaar geleden ontstaan. Dat is 4500 miljoen jaar. Kortom, ongelooflijk lang geleden.

Uit allerlei gevonden fossielen is afgeleid dat de vroegste voorloper van de mens 2 miljoen jaar geleden is ontstaan. De mens zoals wij die nu kennen is pas 200 000 jaar geleden ontstaan. Dit is de *Homo sapiens*, zoals wetenschappers 'm noemen, Latijn voor 'wetende mens'. Mensen hebben namelijk grote hersenen, waarmee we kunnen nadenken.

In vergelijking met de totale geschiedenis van de aarde, bestaan wij mensen dus nog maar heel kort. Als je de ouderdom van de aarde vergelijkt met een mensenleven, dan is de mensheid een baby van net een dag oud.

Mensen blijven dus nog wel een paar miljoen jaar bestaan. En tegen die tijd zijn ze misschien wel zo veranderd dat er een nieuwe mensensoort is ontstaan: *Homo supersapiens*. Dat zijn superslimme mensen. Als ze geboren worden weten ze alles al. Kinderen hoeven tegen die tijd niet meer naar school...

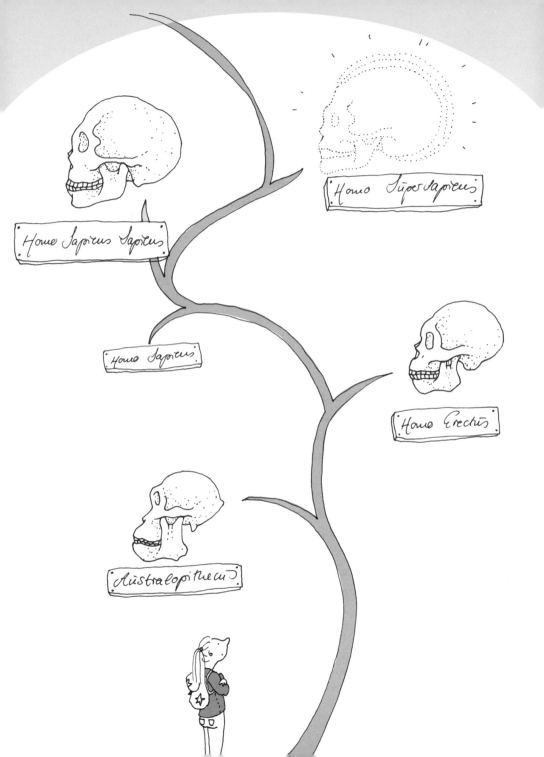

Homo Supersapiens

Homo Sapiens Sapiens

Homo Sapiens

Homo Erectus

Australopithecus

Hoe kan je leven vinden als het heelal zo groot is?

Onderzoek naar buitenaards leven gebeurt op verschillende manieren, onder andere met onbemande ruimtevaartuigen. Maar ook door naar de radio te luisteren.

Sinds 2004 rijden er twee wagentjes rond op Mars. *Spirit* en *Opportunity* heten ze. Ruimtevaartorganisatie NASA heeft ontroerende plaatjes gemaakt van de dappere karretjes, die eenzaam over het rode Marsoppervlak rijden. De wagentjes waren gemaakt om 3 maanden onderzoek te doen, maar ze houden het nu al meer dan 5 jaar vol. Met hun camera's en instrumenten hebben *Spirit* en *Opportunity* al ongelooflijk veel informatie verzameld over Mars. De website http://marsprogram.jpl.nasa.gov staat vol met foto's en filmpjes die door de wagentjes naar de aarde zijn gestuurd. Via je computer kun je gewoon rondkijken op Mars!

Spirit en *Opportunity* hebben inmiddels aangetoond dat er ooit water op Mars is geweest. Dat kan een teken zijn dat er ooit leven is geweest. In 2011 gaat er een nieuw wagentje met een compleet laboratorium naar Mars om te onderzoeken of er ooit bacteriën hebben geleefd. Of er misschien nog steeds leven.

Dat karretje zal *Curiosity* (Nieuwsgierigheid) heten. Die naam is in een wedstrijd bedacht door de 12-jarige scholiere Clara Ma. Je kunt zelf trouwens mee met *Curiosity*. Nou ja, je naam dan, samen met honderdduizenden andere namen van aardbewoners op een microchip. Het enige wat je daarvoor hoeft te doen is je naam invullen op http://mars.jpl.nasa.gov/msl/participate/sendyourname.

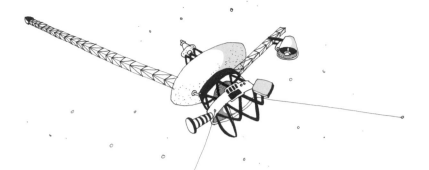

Mars is 'maar' 80 miljoen kilometer van de aarde verwijderd.
Vlakbij, als je de afstanden in het heelal bekijkt. Als we ooit zulk
leven als op aarde willen tegenkomen, moeten we veel verder weg.
Sterrenkundigen zijn daarom in het heelal steeds op zoek naar
planeten die vergelijkbaar met de aarde zouden kunnen zijn.
Met telescopen proberen ze planeten op te sporen die rond een
ster zoals de zon cirkelen. Misschien dat er later een keer iets
wordt bedacht om te onderzoeken of er op die verre planeten
een vorm van leven bestaat.

Maar waarschijnlijk is er meer kans om contact te maken
met andere ruimtebewoners via radiosignalen. Als er nog ergens
intelligente wezens zijn, dan zullen die ook wel radiosignalen uit-
zenden, is het idee. In Amerika speurt het SETI Instituut daarom
al tientallen jaren de ruimte af op buitenaardse radioberichten.
SETI staat voor *Search for Extra-Terrestrial Intelligence*, de zoek-
tocht naar buitenaardse intelligentie.

Als je wilt kun je meehelpen zoeken. Er moeten namelijk
zo gigantisch veel gegevens van de radiotelescopen worden
onderzocht, dat er heel veel computergeheugen nodig is. Via
het programma SETI@home kun je jouw computer laten mee-
rekenen als je hem zelf even niet gebruikt. Er doen al 3 miljoen
mensen aan mee. Stel je voor dat net jouw computer een bericht
uit de ruimte vindt!

Waar komen de blaadjes aan een boom vandaan?

Boomblaadjes groeien uit knoppen op de takjes en twijgjes van een boom. Net zoals bloemen van planten, die komen ook uit knoppen.

Bij bloemen zie je goed hoe die als knop beginnen. De bloemblaadjes zitten eerst nog strak tegen elkaar gevouwen in een stevig bolletje, de knop. Als de bloem groeit, gaat de knop open en komt de bloem tevoorschijn. Met blaadjes aan de boom gaat het net zo, die beginnen ook als stevig bolletje en ontvouwen zich dan.

Bomen met blaadjes, loofbomen, verliezen elk jaar al hun bladeren. Als de dagen na de zomer weer korter worden en het kouder wordt, beginnen de bladeren geel en bruin te kleuren. Op een gegeven moment laat de boom zijn blaadjes vallen. Als je een blad aan de boom van dichtbij bekijkt, dan zie je dat de steel vlak bij de tak een verdikking heeft. Dat is de plek waar het blad loslaat: een soort scheurrandje waardoor de boom zelf niet beschadigt als hij zijn blad verliest.

Zonder blad komt de boom de winter door. Want in de winter raakt de bodem vaak bevroren. Een boom kan dan geen water uit de bodem halen. Als hij nog blaadjes zou hebben, zou hij te veel vocht verliezen. Vocht verdampt namelijk via de blaadjes. Zonder de blaadjes kan de boom genoeg vocht vasthouden om de winter door te komen.

Maar zodra het weer warmer wordt, beginnen er weer blaadjes aan de boom te groeien. Door het warmere weer is de grond niet meer bevroren en kan de boom weer vocht opnemen. De sappen stromen door de stam naar de dunste takjes en twijgjes van de boom. Daardoor beginnen knopjes te groeien, waar uiteindelijk blaadjes uit komen.

Een boom heeft die blaadjes nodig om zijn eigen voedsel te maken, zodat hij verder kan groeien. Groeien doet een boom dus vooral in de zomer. Vandaar dat je in een doorgezaagde boomstam jaarringen ziet. De dunne, donkere lijnen zijn er in de winter bij gekomen, als de boom weinig groeit. De dikkere, lichte lijnen laten zien hoeveel dikker de boom in de zomer is geworden.

Wie is de oudste mens?

Oude mensen hebben vaak niet zo'n goed geheugen meer. Bovendien, wanneer ze precies geboren zijn, hebben ze ook maar van horen zeggen. Ze waren er natuurlijk wel bij, maar niemand herinnert zich zijn eigen geboorte.

100 jaar geleden was op veel plaatsen op de wereld de registratie van nieuwe baby's nog niet zo goed op orde als nu. Daarom is het soms niet te controleren, als iemand beweert heel oud te zijn. Zoals de vrouw uit Kazachstan die 130 zou zijn geworden. Er was geen officieel papier om dat te bewijzen. Ze stierf in mei 2009.

Meer zekerheid is er over Jeanne-Louise Calment uit Frankrijk. Ze was 122 jaar en 164 dagen oud toen ze op 4 augustus 1997 stierf. Daarmee is zij officieel de oudste mens die ooit heeft geleefd.

Jeanne woonde in Arles, waar ze in 1875 werd geboren. Als meisje van 13 heeft ze er Vincent van Gogh nog gezien, toen die een jaar in Arles woonde. In haar verdere leven maakte Jeanne van alles mee: haar dochter overleed als jonge vrouw in 1936, haar man overleed in 1942 en haar kleinzoon in 1963.

Daardoor had Jeanne geen erfgenamen meer die haar huis konden erven. Daarom maakte ze in 1965, toen ze al 90 jaar was, een afspraak met een notaris. Die zou haar huis krijgen, maar alleen als hij haar tot haar dood elke maand 2500 francs zou betalen.

De notaris had gedacht dat Jeanne misschien nog 5 jaar zou leven. In plaats daarvan moest hij 30 jaar lang elke maand betalen. Uiteindelijk stierf hij zelf 2 jaar voordat Jeanne doodging.

Op haar 120ste verjaardag kwam er een journalist, die bij het weggaan tegen Jeanne zei: 'Nou, misschien tot volgend jaar.' Waarop Jeanne antwoordde: 'Ik zou niet weten waarom niet. Je ziet er nog goed uit.'

Hoe weet je of iets leeft?

Simpel: als het ademt of eet, dan leeft het. Nou ja, het is iets ingewikkelder, want niet alle levende wezens ademen en eten zoals wij. Maar alle levende wezens nemen wel stoffen uit hun omgeving in zich op en scheiden ook weer afvalstoffen uit.

Mensen en dieren ademen bijvoorbeeld zuurstof in en kooldioxide uit. Dat komt mooi uit, want planten halen kooldioxide uit de lucht en zetten die weer om in zuurstof. Kooldioxide en zuurstof zijn onzichtbare gassen. Maar kooldioxide (koolzuur) kun je wel zien als je naar een glas frisdrank kijkt. De bubbels daarin bestaan namelijk uit koolzuur.

Met eten helpen planten en dieren elkaar ook. Dieren eten planten en elkaar. Hun lichamen halen de voedingsstoffen uit dat eten en wat overblijft, poepen ze uit. Die mest is weer voeding voor planten, die met hun wortels voedingsstoffen uit de bodem halen.

Alle levende wezens hebben dus stoffen van buiten zichzelf nodig om in leven te blijven. Een steen hoeft niet te eten. Alles wat leeft wel.

Nog een belangrijk kenmerk van leven is dat het begint en eindigt. Alles wat leeft is eerst geboren en gaat eens weer dood. Daarom is voortplanting ook een kenmerk van leven. Levende wezens zorgen voor nakomelingen. Bacteriën doen dat door zich in tweeën te splitsen. Planten laten zaadjes op de grond vallen. En de meeste dieren maken, net als mensen, kinderen door met elkaar te paren.

Ten slotte kunnen levende wezens meestal ook zien, horen, ruiken of voelen. En ze kunnen reageren op wat ze daardoor waarnemen, bijvoorbeeld door naar een lekker hapje toe te huppelen. Of juist door weg te vluchten voor gevaar.

Wat is het grootste levende dier?

De Afrikaanse olifant is met zijn 7000 kilo geen kleintje. Maar
dat wordt hij opeens wel als je hem naast een blauwe vinvis zet.
Die weegt namelijk 150 000 kilo en soms zelfs meer. De blauwe
vinvis is dan ook het grootste dier dat er is. Zelfs de grootste
dinosauriërs waren niet zo groot als de blauwe vinvis. Deze
walvis kan meer dan 30 meter lang worden. Dat is even lang als
6 huizen van 5 meter breed naast elkaar.

Walvissen heten zo, omdat ze afstammen van dieren die
50 miljoen jaar geleden op het land leefden. Van die dieren zijn
skeletten teruggevonden. Een van de eerste walvissen was de
Basilosaurus, die nog een soort achterpoten had. Hij kon 18 meter
lang worden en woog 60 000 kilo. In de loop van miljoenen jaren
zijn daar de huidige walvissen en dolfijnen uit voortgekomen.
Als overblijfsel van het leven op het land hebben zij nog steeds
longen en moeten ze ademhalen boven water.

Honderd jaar geleden waren er nog 200 000 blauwe vinvissen
in de oceanen. Maar omdat er in de vorige eeuw heel veel op
walvissen is gejaagd, waren ze bijna uitgestorven. In 1986 is
daarom besloten dat er voorlopig niet meer op walvissen mag
worden gejaagd.

Van de blauwe vinvis zijn er nu weer zo'n 2500 en men denkt
dat er elk jaar ongeveer 200 jongen worden geboren. Blauwe
vinvissen zwemmen vooral in de Indische en de Grote Oceaan.

Hoe zag de aarde eruit toen het leven begon?

In de vroegste periode van haar bestaan, zo'n 4 miljard jaar geleden, was de aarde vooral bedekt met water. De delen die boven het water uitstaken, waren kale rotsen, hier en daar misschien bedekt met een poederig laagje stof.

Honderden miljoen jaren is daar weinig aan veranderd. Alleen verschoven de delen die boven het water uitstaken steeds door bewegingen in de aardkorst.

Ook zijn er waarschijnlijk grote wisselingen in het klimaat geweest. Men denkt zelfs dat het rond 700 miljoen jaar geleden lange tijd zó koud is geweest, dat bijna de hele aarde met een laag ijs was bedekt. Dat zou bijna 200 miljoen jaar hebben geduurd. Toen het weer warmer werd en het ijs was verdwenen, zijn in relatief korte tijd heel veel soorten planten en dieren ontstaan. Vanaf dat moment raakte het land steeds meer begroeid met planten. De wereld werd langzaam groener.

De kaart van de wereld zag er ondertussen nog helemaal niet zo uit als nu. Alle werelddelen die we nu kennen, lagen 250 miljoen jaar geleden nog allemaal tegen elkaar aan. De wereld bestond uit één groot werelddeel dat Pangea wordt genoemd. Die naam is samengesteld uit de Griekse woorden 'pan' (= alles) en 'gaia' (= aarde). Pangea werd omsloten door één grote oceaan, Panthalassa. 'Thalassa' is het Griekse woord voor zee. Op Pangea was alleen langs de randen leven mogelijk. Het midden was één grote woestijn.

Door bewegingen in de aardkorst werd Pangea uiteindelijk in stukken gebroken. De verschillende delen werden langzaam uit elkaar gedreven. Het water van de oceaan stroomde ertussen, waardoor steeds meer gebieden op aarde geschikt werden voor planten en dieren. Zo kon het leven zich verder ontwikkelen.

De bewegingen in de aardkorst zijn nog steeds aan de gang. De verschillende werelddelen verschuiven nog steeds ten opzichte van elkaar. Over 50 miljoen jaar ziet de aarde er weer heel anders uit.

Hoe groeit je lichaam?

Een kind groeit doordat cellen in zijn lichaam zich delen.
Er komen dus steeds meer cellen bij. Zo wordt een kind uiteindelijk een volwassen mens.

Een cel is een piepklein bolletje gevuld met celmateriaal en
een celkern. In die celkern zit het DNA dat bepaalt hoe je eruitziet. Als een cel zich gaat delen, dan maakt hij eerst een kopie
van de celkern. Heel even heeft de cel dan twee kernen. Maar
al snel komt er een scheiding in de cel. Eén cel is dan veranderd
in twee cellen. Die twee nieuwe cellen kunnen zich vervolgens
ook weer delen.

Cellen blijven zich delen, totdat ze gespecialiseerd raken.
Dan worden ze bijvoorbeeld spiercellen, of botcellen, of zenuwcellen. Meestal kunnen ze zich dan niet meer delen. Spieren,
botten en zenuwen groeien dus doordat er steeds meer gespecia-
liseerde cellen bijkomen. Ook als je niet meer groeit, blijft je
lichaam steeds nieuwe cellen maken. Die zijn nodig om cellen
die beschadigd zijn of doodgaan te vervangen. Dat gebeurt

namelijk voortdurend. In je lichaam zitten daarom je hele leven speciale cellen die nog wel kunnen delen om bijvoorbeeld nieuwe bot- of spiercellen te maken.

Het delen van cellen wordt geregeld door stoffen die groei-hormonen heten. Die stoffen worden in de hersenen aangemaakt. Via het bloed bereiken de groeihormonen de cellen die zich moeten gaan delen. Het komt soms voor dat iemand te weinig groeihormoon aanmaakt. Die persoon groeit dan te weinig en blijft heel klein. Andersom komt het ook voor dat mensen juist te veel groeihormoon hebben. Dat worden reuzen.

Robert Wadlow (1918-1940) was er zo een. Hij is de langste mens die ooit heeft geleefd. Op zijn tiende was hij al 1,98 meter. Hij stierf 12 jaar later als gevolg van een infectie aan zijn been. Hij was toen 2,72 meter lang!

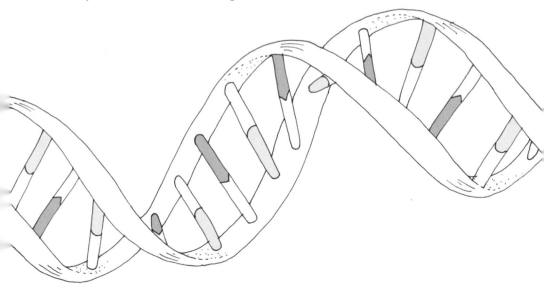

Zijn er bomen die kunnen lopen?

Wandelende takken kent iedereen wel. Maar dat zijn dieren die zich heel handig hebben vermomd als takjes. Als ze in een boom zitten, tussen echte takken, vallen ze daardoor niet op. Zo verstoppen ze zich voor vogels en andere dieren die af en toe best een wandelend takje zouden willen opeten.

Maar wandelende bomen, dat klinkt wel erg ongeloofwaardig. Voor wie daarom meteen roept dat lopende bomen niet bestaan, volgt hier een verrassing. Er schijnen namelijk echt palmbomen te bestaan die kunnen lopen. In het oerwoud in Costa Rica in Zuid-Amerika kun je palmbomen tegenkomen die heel hoog op hun wortels staan. De wortels steken soms bijna een meter boven de grond. Het lijkt net of zo'n boom wel 20 benen heeft.

Volgens bewoners van het oerwoud verplaatsen de bomen zich door aan een kant nieuwe wortels te laten groeien. Oude wortels aan de andere kant sterven daarna af. Heel langzaam 'wandelt' de boom zo naar een plek waar bijvoorbeeld meer voedsel in de grond zit, of waar meer licht is.

Het verhaal van de oerwoudbewoners is nooit door wetenschappers onderzocht. Maar de mensen die in het oerwoud leven, kennen dat bos heel goed. Zij zien de veranderingen en weten het precies als een boom een halve meter is opgeschoven. En anders is het een goed verhaal, nietwaar?

Waarom duurt het 9 maanden voordat een baby geboren wordt?

Bij mensen duurt het 9 maanden voordat een baby groot genoeg is om zelf te kunnen leven. In de buik krijgt de baby zuurstof en voedingsstoffen uit het bloed van de moeder. Na 9 maanden is het kind zo ver dat het zelf kan ademen en melk kan drinken. Dan is het tijd dat het geboren wordt.

Een baby begint als een eicel van de moeder en een zaadcel van de vader met elkaar versmelten tot 1 cel. Die cel deelt zich in tweeën en de volgende cellen delen zich ook weer en zo gaat het door.

Zo ontstaat een klein bolletje van cellen dat zich vastzet in de wand van de baarmoeder. Daar groeit het verder. Na 4 weken is het nog maar een halve centimeter groot. Maar er is al wel een begin van een kloppend hartje.

2 weken later is het kindje 3 keer zo groot, 1,5 centimeter. Er begint nu ook een slangetje van bloedvaten te groeien, de navelstreng, die het kindje met de moeder verbindt. Via de navelstreng komen vanaf nu zuurstof en voedingstoffen uit het bloed van de moeder bij het kind terecht. Daardoor kan het verder groeien.

Na 3 maanden is de baby ongeveer 5 centimeter groot. Het heeft al helemaal de vorm van een mens, maar is nog piepklein.

Zo groeit het kindje door tot het ongeveer 50 centimeter lang is en 3 tot 4 kilo zwaar. Dan is de baby helemaal klaar en kan hij of zij geboren worden.

Als een baby'tje eerder geboren wordt is het nog te klein om zelf te kunnen ademen. Het moet dan in een couveuse verder groeien. Een couveuse is een afgesloten, doorzichtige bak waarin de omstandigheden van de baarmoeder zoveel mogelijk worden nagebootst. Het is er warm en de baby krijgt via slangetjes zuurstof en voedingsstoffen binnen, zodat het goed kan groeien.

Soms kan een baby'tje van 6 maanden al in een couveuse verder groeien. Jonger kan niet, dan is het kindje echt nog te klein. Maar het beste is dus dat een kind 9 maanden in de buik zit, zoals de natuur het heeft bedacht.

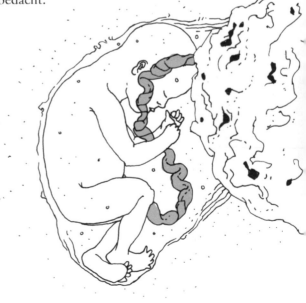

Zijn er dieren die net zo slim zijn als mensen?

Er zijn heel slimme dieren, maar even slim als mensen zijn ze
niet. Anders zouden dieren ook naar de universiteit gaan en
boeken schrijven en uitvindingen doen. Om maar eens een paar
voorbeelden te noemen.

Intelligentie heeft te maken met het kunnen begrijpen van
ingewikkelde zaken, met leren en onthouden. En ook met het
kunnen oplossen van problemen en het kunnen verzinnen van
nieuwe dingen.

Er zijn zeker dieren die ten minste een paar van deze kenmerken van slimheid bezitten. Kraaien blijken bijvoorbeeld veel
slimmer dan de meeste mensen denken. De Amerikaan Joshua
Klein ontdekte dat kraaien zelfs problemen kunnen oplossen
en dat ze die oplossingen van elkaar overnemen.

Joshua zag dat kraaien een slimme manier hadden gevonden
om noten te kraken. De noten vielen van bomen die langs een
weg stonden, waar ze werden gekraakt onder de wielen van
passerende auto's. De kraaien konden er alleen niet bij, omdat er
steeds nieuwe auto's aankwamen. Alleen bij een kruising hadden
de vogels steeds even de tijd om een gekraakte noot op te pikken:
als de auto's stonden te wachten voor het stoplicht. Op een gegeven moment bedacht een kraai dat hij op die plek ook zelf
een noot kon laten vallen. Bij het volgende rode stoplicht kon

hij z'n gekraakte nootje weer oppikken. Zo vond deze kraai zijn eigen notenkraker uit. Later bleken andere kraaien het kunstje na te doen. Als dat niet slim is...

Maar Joshua Klein was zelf nog slimmer. Hij vond een notenautomaat voor kraaien uit. Hij leerde een kraai dat hij telkens een nootje zou krijgen, als hij een gevonden muntje in een bakje liet vallen. Binnen de kortste keren hadden andere kraaien dat ook geleerd en merkte Joshua hoeveel muntjes mensen blijken te verliezen.

Intelligentie van dieren wordt vaak getest met de spiegeltest. Dieren die kunnen begrijpen dat ze in een spiegel zichzelf zien, zijn slimmer dan dieren die dat niet kunnen. Voor deze proef krijgen dieren terwijl ze slapen een vlek op hun voorhoofd getekend. Als ze daarna in de spiegel kijken en vervolgens bij zichzelf aan die vlek gaan voelen, dan bewijst dat dat ze begrijpen wat ze zien.

De meeste apen denken dat ze in de spiegel een andere aap zien. Maar mensapen, zoals chimpansees, gorilla's, orang-oetans en bonobo's, weten heel goed dat ze zichzelf zien. Voor dolfijnen geldt hetzelfde. En een paar jaar geleden bleek de vlekkentest bij olifanten in de dierentuin van New York ook te werken. Ze probeerden met hun slurf de vlek van hun hoofd te vegen.

Kun je bacteriën eten?

Ja hoor, dat kan. Sterker nog, dat doe je elke dag. Op bijna alles wat je eet zitten wel bacteriën en meestal kan je lichaam daar heel goed tegen. In karnemelk, yoghurt, kaas en zuurkool zitten zelfs bacteriën die heel goed zijn voor je gezondheid.

In je hele lijf zitten biljoenen bacteriën. Ze zitten bijvoorbeeld op je huid. En ze leven met miljoenen tegelijk in je mond. Meestal merk je daar niks van. Totdat je je tanden niet goed poetst. Dan kun je uit je mond gaan stinken. Dat komt door bacteriën die achtergebleven etensresten omzetten in stoffen met zwavel erin. Zwavel ruikt niet fris. Denk maar aan rotte eieren.

Bacteriën in je mond kunnen ook tandsteen en gaatjes in je tanden veroorzaken. Door goed te poetsen en tandenstokers te gebruiken, zorg je dat die bacteriën minder te eten hebben en hun gemene werk niet kunnen doen.

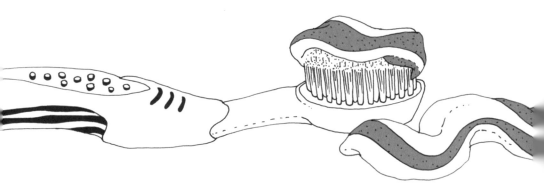

Behalve in je mond, zitten er ook veel bacteriën in je darmen.
Vooral melkzuurbacteriën doen daar heel goed werk. Ze helpen
bij het verteren van je voedsel. In de winkel kun je tegenwoordig
gezondheidsdrankjes kopen waar extra veel van die goede bacteriën in zitten. Maar wie gezond en gevarieerd eet krijgt vanzelf
al genoeg van die bacteriën binnen.

Heel soms gebeurt het ook wel dat je bedorven eten met
slechte bacteriën binnenkrijgt. Meestal weet je lichaam die wel
te bestrijden. Ze gaan dood in het zuur van de maag of ze worden
op andere manieren bestreden. Maar je kunt ook goed ziek worden van zulke verkeerde bacteriën. Dat is dus een soort bacteriën
dat je beter niet kunt eten.

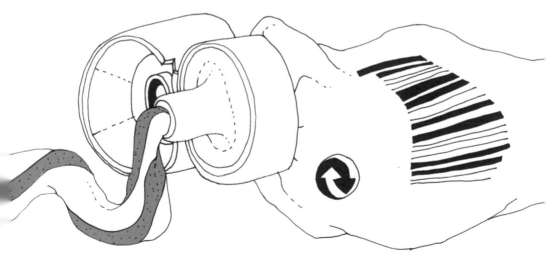

Waarom gaan mensen dood?

De dood is er om het leven te bewaren. Dat lijkt onzin, maar dat is het toch niet. Want zonder de dood zou het leven snel uitsterven.

Stel je voor dat mensen niet dood zouden gaan. Dan zouden we alleen in ons land al met miljarden mensen wonen. De Batavieren zouden er nog zijn, met hun kinderen en kleinkinderen. Alle Middeleeuwers die hier ooit zijn geboren, zouden er ook nog zijn, net als iedereen uit de Gouden Eeuw, en ook alle mensen uit de eeuwen daarna.

Het zou, kortom, nogal druk worden in ons land. En in de rest van de wereld zou het niet anders zijn. Er zou al snel niet genoeg eten meer zijn voor iedereen. Misschien zou zelfs de zuurstof in de lucht wel opraken. Want niet alleen oneindig veel mensen zouden zuurstof nodig hebben om te leven, er zouden ook oneindig veel dieren zijn die zuurstof inademen. Want die gaan dan natuurlijk ook niet dood. Je begrijpt, dat zou niet lang goed gaan.

Je kunt natuurlijk bedenken dat onsterfelijke mensen en dieren helemaal geen kinderen krijgen. Nergens voor nodig, want ze leven zelf toch tot in het oneindige.

Dan zouden er dus niet steeds meer mensen en dieren bijkomen. Er zou ook nooit iets veranderen. De hele ontwikkeling van het leven op aarde was er dan niet geweest. Diersoorten zouden zich niet langzaam van ouders op kinderen kunnen aanpassen aan de omstandigheden. Er zouden dan geen nieuwe soorten zijn ontstaan. En als je daarover doordenkt, dan zou het leven zelf dus niet eens zijn ontstaan.

Met andere woorden: het leven kan niet zonder voortplanting, en daarom kan het leven ook niet zonder de dood.

Kan iemand die dood is weer leven?

In principe niet. Dood is dood. Maar soms kun je door snel ingrijpen wel voorkomen dat iemand echt doodgaat.

Als het hart van iemand plotseling stopt met kloppen, dan proberen dokters vaak om het hart weer aan de gang te krijgen. Soms lukt dat door die persoon een elektrische schok te geven. Zo'n schok zorgt ervoor dat de belangrijkste spier in het hart even samentrekt en vaak gaat het hart daarna weer in zijn oude ritme kloppen.

Als er geen machine in de buurt is om zo'n schok te geven, dan kan het helpen om hartmassage toe te passen. Dat kan door korte, stevige duwtjes op de borst te geven, precies op de plek waar het hart zit. Door die beweging blijft het bloed toch een beetje door het lichaam van de patiënt stromen.

Tegelijkertijd moet er wel nieuwe zuurstof in dat bloed komen. Dat doe je door je eigen adem via de mond van de patiënt in zijn longen te blazen. Dat heet mond-op-mondbeademing. Samen met de hartmassage zorgt dit ervoor dat de hersenen toch nog een beetje zuurstof krijgen. Dat is belangrijk, omdat hersencellen bijna meteen doodgaan als ze geen zuurstof meer krijgen. Als een dokter uiteindelijk het hart weer aan de gang kan krijgen, dan komt de patiënt weer tot leven. Maar eigenlijk is hij nooit echt dood geweest, omdat zijn lichaam steeds net genoeg zuurstof heeft gehad.

Zien dieren ons ook als andere dieren?

Natuurlijk, want mensen zijn nu eenmaal ook dieren. Zelf vinden wij dat we een heel bijzonder soort dieren zijn. Maar dat vinden giraffen met hun lange nek misschien ook wel.

Mensen kunnen toevallig goed denken, praten en hun gevoelens uiten. En ze lopen als enige zoogdieren rechtop. Maar verder zijn er meer overeenkomsten dan verschillen tussen mensen en dieren.

Mensen zijn net als alle andere diersoorten voortgekomen uit eerdere diersoorten. Dat heet evolutie. Al die dieren zien er anders uit. Maar ze hebben ook veel gemeen. Ze hebben allemaal een kop, een rug en een buik, twee voorpoten of armen en twee achterpoten of benen. Ze hebben ook allemaal een mond waar eten in gaat en een kont waar poep uit komt.

Ondertussen zien al die dieren er wel heel verschillend uit. Net als mensen, zien dieren die verschillen en kunnen ze heel goed andere diersoorten herkennen. In het wild levende dieren weten bijvoorbeeld dondersgoed voor welke dieren ze op de vlucht moeten en voor welke dieren niet.

Net zo ziet een hond het verschil tussen katten, andere honden en mensen. Katten jaagt hij achterna, zijn soortgenoten zijn interessant om te besnuffelen en bij mensen valt meestal wel een aai of een lekker hapje te halen.

Maar misschien is het wel het beste om deze vraag aan een dier zelf te stellen. In Florida in Amerika woont Koko. Koko is een beroemde gorilla, die gebarentaal heeft geleerd. Op www.koko.org kun je meer over haar lezen. Ooit vroeg iemand aan haar of Koko een mens of een dier was. Een typische mensenvraag, dat wel. Maar Koko hoefde er niet lang over na te denken. 'Goed dier gorilla,' gebaarde ze trots.

Hoe oud wordt een boom?

Een eenvoudige boom, bijvoorbeeld een wilg of een iep, kan ongeveer 100 jaar worden. Maar er zijn ook bomen die gemakkelijk de 500 jaar halen. In het Gelderse dorp Laren staat bijvoorbeeld een zomereik die al 450 jaar bestaat. Die boom heeft een omvang van meer dan 7,5 meter en daarom noemen ze hem daar heel simpel 'De dikke boom'.

In ons hele land zijn nog een tiental van die bejaarde bomen te vinden, voornamelijk eiken en kastanjes. Van die bomen weten we dat ze minstens 300 jaar oud zijn. Toch is dat maar de helft zo oud als de oudste boom van België, een eik die al meer dan 600 jaar in Liernu staat, ongeveer in het midden van België.

In al deze voorbeelden gaat het om loofbomen, bomen met blaadjes dus die 's winters afvallen. Van naaldbomen, zoals dennen en sparren, zijn nog veel oudere exemplaren bekend. In Frankrijk en Engeland zijn naaldbomen te vinden van 1000 tot 2000 jaar oud.

Maar dat is nog niks, vergeleken met de oudste nog levende boom ter wereld. Volgens Zweedse onderzoekers staat die in Zweden, in de provincie Dalarna. De wortels van die boom bleken na onderzoek bijna 10 000 jaar oud. De bovengrondse delen zijn minder oud, omdat er op dezelfde wortels steeds nieuwe stammen zijn gegroeid. Toch is het oorspronkelijke zaadje van deze boom bijna 8000 jaar voor Christus in de grond terechtgekomen. In hetzelfde bos staan zeker nog 20 bomen die uit dezelfde tijd stammen.

Wat is leven?

Dit is een korte vraag, maar misschien wel de belangrijkste in dit boek. Het is een vraag die tegelijk antwoord wil hebben op vragen als 'Wie zijn wij?', 'Hoe kan het dat we bestaan?' en 'Wat doen we hier eigenlijk?'

Maar zoals met meer van dit soort levensvragen: niemand weet het antwoord. Er bestaat geen goede definitie voor het begrip leven.

Je kunt wel zien of iets leeft, door te kijken of het ademt, eet of op een andere manier (voedings)stoffen opneemt en weer afgeeft. Als het ooit geboren is, groeit of gegroeid is, als het kan reageren op zijn omgeving en zich ook kan voortplanten, dan weet je dat het leeft.

Toch klopt dat niet altijd. Een paard en een ezel kunnen samen een kind maken, dat kind heet dan een muilezel. Maar 2 muilezels kunnen samen geen kinderen krijgen. Dat muilezels levende wezens zijn is overduidelijk en toch missen ze een van de kenmerken van het leven.

Alles wat leeft bestaat uit cellen. Bacteriën bestaan uit 1 cel, mensen uit miljarden cellen. Wetenschappers hebben die cellen tot in de kleinste details bestudeerd. Ze weten welke stoffen er allemaal in een cel zitten en ook wat die stoffen daar doen. Maar het lukt ze niet om met dezelfde stoffen een nieuwe cel te maken.

Alleen het leven zelf kan nieuw leven maken. Ooit is het leven begonnen en ook hoe dát is gebeurd weet niemand precies. Sindsdien zorgt het leven dat het blijft bestaan. Planten, dieren en mensen gaan dood, maar het leven houdt zichzelf in leven.

Hoe kunnen ze precies weten of botten van een dinosaurus zijn en niet van een ander groot dier?

Heel lang geloofden mensen die botten van dinosauriërs hadden gevonden, dat dat botten van draken en monsters waren. Een Engelsman die in 1676 een dijbeenbot van een dinosauriër had gevonden, dacht serieus dat het van een reus was geweest.

Later, in de 18e eeuw begonnen mensen minder in sprookjes en andere verzinsels te geloven. Wetenschap werd steeds belangrijker en men probeerde van alles te verklaren door goed onderzoek te doen. In die tijd werden alleen nog niet zoveel dinofossielen gevonden.

Dat gebeurde wel vanaf 1810. Een Engelse onderzoeker begreep dat de fossielen die hij had gevonden, afkomstig moesten zijn van een enorm dier dat op een reptiel leek. Dat kon hij afleiden uit de vorm van de botten en de tanden die hij had gevonden.

Jaren later bleek hij gelijk te krijgen toen er een fossiel van zo'n heel dier werd gevonden. De onderzoeker had dat dier inmiddels 'Iguanodon' genoemd.

Ook andere onderzoekers hielden zich steeds meer met die grote fossielen bezig. Door de gevonden botten met elkaar en met de botten van bestaande dieren te vergelijken, kwamen ze steeds meer te weten. Het werd steeds duidelijker dat die enorme botten afkomstig moesten zijn van een apart soort, reptielachtige dieren.

Hagedissen en krokodillen hoorden in die tijd al tot de groep van de Sauria. Omdat de gevonden fossielen leken op hele grote hagedissen, bedacht alweer een Engelse wetenschapper voor deze dieren de naam 'dinosauria'. Dat komt van het Griekse woord 'deinos' wat geducht of gevreesd betekent. Dinosaurus betekent dus letterlijk 'geduchte hagedis'.

Hoe meer fossielen er daarna zijn gevonden, hoe beter onderzoekers konden bepalen hoe de dinosauriërs er vroeger uit moeten hebben gezien. En als ze nieuwe botten vinden, dan kunnen ze door te vergelijken vaststellen of die botten van dino's zijn geweest of niet.

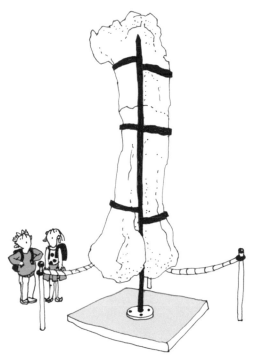

Waarom zijn er geen blauwe mensen?

Precies die vraag hadden de mannen van de 'Blue Man Group' (Blauwe Man Groep) ook. Met een knalblauwe kop val je lekker op, bedachten ze. Daarom smeerden ze hun hoofd helemaal in met blauwe verf en begonnen een krankzinnige theatervoorstelling. Op www.blueman.com kun je zien hoe die blauwe mannen eruitzien.

Het is wel jammer dat blauwe mensen in het echt niet bestaan. En ook geen paarse, groene en oranje mensen. Het zou een vrolijke boel worden met al die kleurtjes. Maar helaas: er bestaat geen pigment (kleurstof) dat de huid blauw of paars of groen kleurt.

De huidskleur van mensen kan variëren van heel lichtroze tot bijna zwart. Welke kleur iemands huid heeft, hangt af van een stof die melanine heet. Er zijn twee soorten van, een voor mensen met een roze tot gele huid en een voor mensen met een bruine of zwarte huid. Behalve de soort is ook de hoeveelheid melanine van belang. Hoe meer melanine, hoe donkerder de huid. Hoeveel en welke soort melanine iemand heeft, is erfelijk bepaald.

Zonnestraling zorgt ervoor dat in de huid extra melanine wordt gemaakt. Daardoor word je van zonnebaden bruin. Dat komt goed uit, want melanine beschermt de huidcellen juist tegen schadelijke straling van de zon.

Toch geeft een beetje vakantiebruin niet genoeg bescherming. Daarom moeten mensen met een lichte huid zich altijd goed insmeren met zonnebrandcrème, om te voorkomen dat ze bijvoorbeeld huidkanker krijgen.

Een donkerbruine of zwarte huid beschermt mensen wel goed tegen de zon. Daarom hebben mensen die in heel zonnige streken wonen van de natuur een donkere huid gekregen. Ze kunnen wel verbranden, maar veel minder snel. Zij hoeven daarom niet per se zonnebrandcrème te gebruiken.

In Afrika had een kleine groep mensen daardoor een bijzonder probleem. Er zijn namelijk mensen die door een verandering in hun DNA helemaal geen melanine hebben. Die mensen heten albino's. Ze hebben van zichzelf helemaal geen kleur. Hun huid en haren zijn wit en hun ogen rood. Ze missen dus ook de natuurlijke bescherming door melanine.

In landen waar de meeste mensen een hele donkere huid hebben, vallen albino's erg op. Mensen vinden ze maar vreemd en in veel Afrikaanse landen denken mensen dat albino's gevaarlijke geesten zijn. Ze worden daardoor vaak gepest of weggejaagd en soms zelfs gedood.

Daar komt nog bij dat ze bijna altijd een verbrande huid hebben. Want zonnebrandcrème is in veel delen van Afrika vrijwel onbekend. Je kunt het nergens krijgen, omdat niemand het echt nodig heeft. Behalve de albino's dan. Gelukkig wordt er nu steeds vaker door hulporganisaties uit Europa en Amerika voor gezorgd dat zij de crème wel kunnen krijgen. Eindelijk kunnen albinokinderen nu ook gewoon buiten spelen.

Wat gebeurt er als je doodgaat?

Als je doodgaat stopt alles wat je in leven houdt. Je hart stopt met kloppen en je ademt niet meer. Je hersenen en al je andere organen krijgen dan geen zuurstof meer. En zonder die zuurstof houdt alles op.

Je hart is een soort pomp die de hele dag je bloed door je lichaam pompt. Normaal slaat je hart 60 tot 100 keer per minuut. Dat is 4500 keer per uur, 100 000 keer per dag, 40 miljoen keer per jaar en 3 miljard keer in een heel mensenleven.

In je lichaam zit 5 liter bloed. Dat bloed vervoert, als het door het hart wordt rondgepompt, zuurstof uit je longen naar alle delen van je lichaam. De cellen in je lichaam hebben die zuurstof nodig om hun werk te kunnen doen. Daarom is het zo belangrijk dat je hart het bloed door je lichaam blijft pompen.

Je hersenen gebruiken 10 keer zoveel zuurstof als de rest van je lichaam. Ze kunnen maar heel kort zonder zuurstof. Zodra je hart stopt met kloppen, krijgen je hersenen geen zuurstof meer waardoor je buiten bewustzijn raakt. Je hersencellen kunnen dan niet meer doen wat ze moeten doen. Daardoor stopt ook je ademhaling, want die wordt door je hersenen geregeld. Je bent dan bijna meteen dood.

Iemand kan ook door een ernstige wond zoveel bloed verliezen, dat er niet genoeg bloed in het lichaam overblijft om de hersenen van zuurstof te voorzien. Ook in dit geval stoppen de hersenen hun werk, waardoor de ademhaling stopt net als de hartslag, die ook door de hersenen wordt geregeld.

Nu begrijp je ook waarom iemand die stikt, doodgaat. Iemand die stikt kan niet meer ademhalen. In de longen komt dan geen nieuwe zuurstof meer. Daardoor kan het bloed geen zuurstof meer naar de hersenen vervoeren, zodat de persoon sterft.

Zelf begreep ik nooit waarom iemand die een kogel in zijn hoofd krijgt, meteen dood is. Een dokter heeft het me uitgelegd. Zo'n kogel, zegt hij, maakt in één keer zo veel hersencellen kapot, dat je meteen je bewustzijn verliest. Je hart stopt met kloppen, je ademhaling stopt en je bent op slag dood, zoals dat heet.

Kun je ook leven op de maan?

Toen ik 8 jaar was, in 1969, maakten mijn ouders me een keer midden in de nacht wakker. Met zijn drieën keken we naar televisiebeelden van de landing op de maan. Voor het eerst liepen er mensen op de maan, twee Amerikanen: Neil Armstrong en Buzz Aldrin.

Het waren schimmige zwart-witbeelden, waarop je zag hoe het landingsvaartuig de maanbodem naderde. Later zag je hoe een man in astronautenpak voorzichtig met één voet voelde of hij op de maan kon staan. Toen hij eenmaal met twee benen op het maanoppervlak stond, zei Neil Armstrong: 'Dit is één klein stapje voor een mens, maar een enorme sprong voor de mensheid.'

Daarna zag je de twee mannen een Amerikaanse vlag planten en een beetje zweefdansen in de buurt van het landingsvaartuig. Op de maan is de zwaartekracht veel minder sterk. Daarom hadden de mannen met lood verzwaarde schoenen aan. Maar zelfs daarmee bleven ze na elke stap nog steeds een beetje zweven.

Armstrong en Aldrin hadden speciale pakken aan. De helmen hadden speciaal glas om hun ogen te beschermen tegen de felle zon. Verder kregen ze zuurstof uit de zuurstofflessen op hun rug. Zonder die pakken zouden ze het niet hebben overleefd. De maan heeft namelijk geen dampkring, zoals de aarde. Een dampkring is een schil van lucht om een planeet. In de dampkring rond de aarde bestaat die lucht voor een belangrijk deel uit zuurstof.

Mensen en dieren hebben die zuurstof nodig om te kunnen leven.

Daarnaast beschermt de dampkring ons tegen schadelijke straling van de zon. Tegelijk zorgt de dampkring dat de warmte van de zon wordt vastgehouden. Daardoor is de gemiddelde temperatuur op aarde heel aangenaam.

Op de maan is het altijd ijzig koud. De schadelijke straling van de zon wordt er niet gedempt en er is geen zuurstof. Daar valt dus niet te leven. Maar misschien komt er een tijd dat je er wel even een kijkje kunt gaan nemen.

Leeft vuur?

Een goed vuur ziet er in ieder geval heel levendig uit. De vlammen dansen vrolijk boven het hout of wat er verder maar brandt. En een knappend haardvuur klinkt ook heel gezellig.

Veel kenmerken van vuur lijken op de kenmerken van leven. Zo heeft vuur, net als leven, stoffen van buiten zichzelf nodig om te kunnen bestaan. En die stoffen worden door het vuur omgezet in iets anders. Hout of olie of een andere brandstof wordt als het in brand vliegt omgezet in energie: warmte en licht. Verder kan vuur, net als veel vormen van leven, niet zonder zuurstof, waarvan het kooldioxide maakt.

Vuur beweegt ook en het kan groeien. Het kan zich ook uitbreiden, maar dat is toch niet hetzelfde als voortplanten. Twee vuurtjes kunnen niet samen een nieuw vuurkindje maken. En vuur kan ook niet waarnemen.

Vuur bestaat ook niet, zoals alles wat leeft, uit cellen. Vuur ontstaat als een brandbare stof, zoals hout, olie of benzine, warm genoeg wordt. De brandbare stof wordt omgezet in energie. Die energie voel je als warmte en zie je als vlammen. Écht leven doet dat vuur dus niet.

Waarom zijn er geen dinosauriërs meer?

Rond 65 miljoen jaar geleden is er iets gebeurd waardoor alle grote dinosauriërs zijn uitgestorven. Dat moet wel, want er zijn geen fossielen gevonden van dinosauriërs van na die tijd. Waarschijnlijk is er een grote meteoriet met zo'n verwoestende kracht op de aarde ingeslagen, dat alle grote dieren die toen leefden dood zijn gegaan.

De eerste dinosauriërs leefden zo'n 230 miljoen jaar geleden. In miljoenen jaren tijd ontwikkelden zich daarna heel veel verschillende soorten dinosauriërs. Er waren hele grote soorten, zoals de Tyrannosaurus Rex of de Argentinosaurus, maar ook kleinere soorten en vliegende dinosauriërs.

Lange tijd begreep niemand waarom de dinosauriërs 65 miljoen jaar geleden zijn uitgestorven. Een van de theorieën was dat alle dinosauriërs misschien door een verwoestende ziekte waren getroffen. Of dat door een plotselinge verandering in het klimaat dinosauriërs niet langer konden leven.

Eigenlijk zijn wetenschappers het er nog maar 30 jaar over eens dat de werkelijke reden een inslag van een meteoriet moet zijn geweest. Een meteoriet is een steenklomp uit de ruimte die op de aarde valt. De meteoriet die alle dinosauriërs in één klap van de aarde heeft gevaagd, moet heel groot geweest zijn, wel zo'n 10 kilometer in het rond.

Waarschijnlijk is hij in de buurt van Yucatán in Mexico neergekomen. In het landschap is daar namelijk een krater gevonden, die volgens onderzoekers van die inslag moet zijn.

Je moet je proberen voor te stellen dat een bal van 10 kilometer doorsnee met een vaart van honderden kilometers per uur op de aarde is geklapt. Daardoor moet een schokgolf zijn ontstaan met verwoestende kracht. Tegelijk zijn er over de hele aarde bergen puin rondgeslingerd. Bovendien is er enorme hitte ontstaan, waardoor bossen in brand kwamen te staan. De rookwolken en het stof dat in de lucht werd geslingerd vulden jarenlang de hemel en schermden de zon af. Daardoor gingen veel bomen en planten dood en vervolgens ook veel dieren die geen voedsel meer konden vinden.

De grootste dieren op aarde, de dinosauriërs, vingen ook de hardste klappen op. Ze konden zich nergens verschuilen en zijn door de enorme kracht van de schokgolf, het puin en de branden allemaal gedood. Sommige kleinere dieren konden kennelijk beter schuilen voor de ramp en overleefden het wel.

Toch zijn de dino's niet helemaal verdwenen. Nog niet zo lang geleden is namelijk vastgesteld dat vogels afstammen van vliegende dinosauriërs.

Wat is het verschil tussen een plant en een dier?

Eén verschil tussen planten en dieren zie je direct: planten staan met hun voeten ín de grond, dieren staan met hun poten óp de grond.

Maar zo makkelijk is het niet. Want wormen bijvoorbeeld, die in de aarde leven, zijn dieren. En algen, die in het water drijven, zijn planten. Je hebt trouwens ook dieren die nogal op planten lijken, zoals de wandelende tak. En planten die wel iets van dieren hebben, zoals vleesetende planten.

Hét verschil tussen planten en dieren zit hem in hun cellen. De cellen van planten bevatten namelijk bladgroenkorrels. In dierlijke cellen zitten die korrels niet.

Door de bladgroenkorrels in hun cellen kunnen planten van zonlicht, water en koolstofdioxide uit de lucht, zuurstof en suikers maken. De suikers gebruiken ze om te groeien.

Dieren ademen juist zuurstof in. In hun lichaam wordt die zuurstof omgezet in koolstofdioxide, die ze weer uitademen. Planten maken van die koolstofdioxide weer zuurstof en zo gaat het eeuwig door.

Dieren voeden zich ook met planten. Zelfs als dieren andere dieren opeten, dan eten ze met een omweg nog steeds planten.

Want de dieren die ze opeten, zijn groot geworden door het eten van planten.

Ook dat gaat in een kringetje. Want in de poep van dieren zitten stoffen, waar planten beter door groeien. En ook als dieren doodgaan zijn hun lichamen weer voeding voor planten.

Zo houden planten en dieren elkaar mooi in leven. En het is dus maar goed dat ze van elkaar verschillen.

Wie was er eerder, de kip of het ei?

Een kip komt uit een ei en een ei komt uit een kip. Dus wat was er nou het eerst? Dat probleem houdt mensen al eeuwen bezig en het is zelfs een soort spreekwoord geworden. Als je van iets niet weet of het nou de oorzaak of het gevolg is, dan heet dat een kip-of-ei-probleem.

Niet lang geleden werd in Engeland 'de definitieve oplossing' van het probleem gepresenteerd. Ik zet het maar tussen aanhalingstekens, want het was een stunt die hoorde bij de première van de film *Chicken Little*.

Maar toch, de filmproducent had een professor in de erfelijkheidsleer, een filosoof en een kippenboer gevraagd om serieus over het probleem na te denken. Samen kwamen zij tot de conclusie dat het ei er eerder was dan de kip.

Voor die conclusie baseerden zij zich op de kennis van de evolutie. De evolutie is de langzame verandering van het leven op aarde, waarbij de ene dier- en plantensoort voortkomt uit de andere. Dat gebeurt doordat dieren en planten zich steeds aanpassen aan hun omgeving.

Dat aanpassen gaat heel langzaam en gebeurt doordat nakomelingen steeds bepaalde eigenschappen erven van hun ouders. Kleine veranderingen in het DNA worden zo van generatie op generatie doorgegeven.

Omdat heel veel van die kleine DNA-veranderingen achter elkaar blijven plaatsvinden, hebben veel nakomelingen hele andere eigenschappen gekregen dan die van hun verre familie. De verschillen met de oorspronkelijke voorouders zijn dan zo groot, dat een nieuwe soort is ontstaan.

Bij de kip is het ook zo gegaan. De kip stamt af van de Bankivahoen, een kleine, in het wild levende kip. Waarschijnlijk zijn zulke Bankivahoenen door mensen gevangen. Zij hebben steeds de grootste exemplaren met elkaar kinderen laten krijgen. Van generatie op generatie werden de hoentjes zo steeds groter.

Uiteindelijk moet er uit een ei een vogel zijn gekomen die zo anders was, dat die kip kon worden genoemd. En dus was er eerst een ei en daarna een kip.

Waarom zijn er kinderen en oude mensen?

Dat lijkt me nogal wiedes: een mens kan niet als volwassene geboren worden. Dat past gewoon niet in de buik van de moeder. Een nieuw mens begint als één cel. Die cel deelt zich in tweeën, de twee nieuwe cellen delen zich ook weer en zo gaat dat door tot er na 9 maanden een baby is gegroeid die geboren kan worden.

Daarna groeit het kind verder tot het 18 jaar later volwassen is. Ondertussen leert zo'n opgroeiend kind voortdurend nieuwe dingen. Eerst zitten, lopen, praten en blokken op elkaar stapelen. Door te spelen met andere kinderen, leert een kind om te gaan met andere mensen. Op school krijgen kinderen daarna les in lezen, schrijven en rekenen en nog veel meer. Op de middelbare school krijgen ze daarna vakken als geschiedenis, aardrijkskunde, wiskunde en Engels.

Terwijl ze groeien leren kinderen dus alles wat ze moeten weten en kunnen om later, als ze volwassen zijn, voor zichzelf te kunnen zorgen. Veel kinderen vinden al dat geleer maar vervelend. Ze zouden het liefst meteen al volwassen zijn en alles al weten en kunnen.

Maar dat elk nieuw mens zelf alles weer van voren af aan
moet leren, is wel heel nuttig. Want wat een mens moet weten
om zijn eigen leven te kunnen leiden is steeds verschillend.
Wat kinderen bijvoorbeeld in de Middeleeuwen leerden, zou
in onze tijd veel te weinig zijn om goed mee te kunnen doen.
Zelfs wat kinderen 50 jaar geleden thuis en op school leerden
is weer verschillend van wat kinderen nu leren.

Wat kinderen in Nederland leren is voor een deel ook weer
anders dan wat kinderen in bijvoorbeeld India of Mexico leren.
De gewoonten en gebruiken zijn nu eenmaal in elk land anders.
Kinderen leren dus precies wat ze in hun tijd en in hun deel van
de wereld moeten weten, om als volwassen mens voor zichzelf
te kunnen zorgen. En voor hún kinderen, zodat die alle tijd
hebben om te leren wat ze moeten leren.

Waarom moet je seks hebben om een kind te maken?

Om een kind te maken is het nodig dat zaadcellen van de vader bij een eicel van de moeder komen. Een kind kan namelijk pas ontstaan als een zaadcel en een eicel met elkaar zijn versmolten. Eicel en zaadcel samen zijn het begin van een embryo en dus van een kind.

De makkelijkste – en de leukste – manier om zaadcellen van de vader bij een eicel van de moeder te krijgen is door seks te hebben. Als een man en een vrouw met elkaar vrijen, dan schuift de man zijn piemel in de vagina van de vrouw. Op een gegeven moment spuit het zaad (sperma) van de man in de vagina van de vrouw.

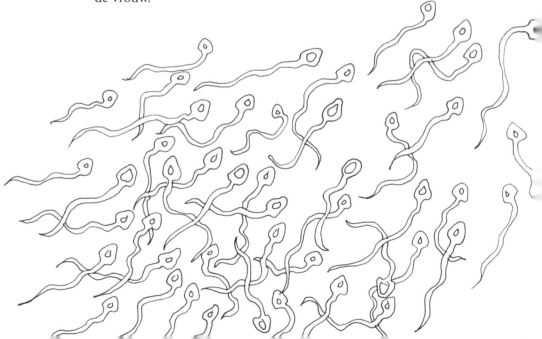

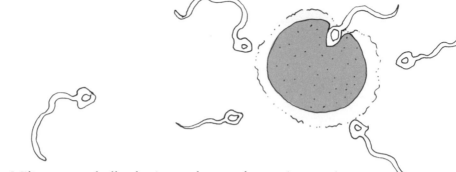

Miljoenen zaadcellen beginnen dan met hun zwiepstaartjes aan een zwemtocht op weg naar de baarmoeder van de vrouw. Met een beetje geluk komt een van de zaadcellen via de baarmoeder bij een eicel terecht. Als die zaadcel en de eicel met elkaar versmelten, vormen zij de eerste cel van het kind dat hieruit zal groeien.

Soms lukt het mensen niet om op deze manier een kind te maken. Als ze toch een kind willen, kunnen ze hulp vragen aan een dokter. Die kan een eicel uit de buik van de moeder halen en in een reageerbuis mengen met zaadcellen van de vader.

Met een microscoop controleert de arts of de eicel en een zaadcel met elkaar zijn versmolten. Meestal wacht men tot de nieuwe cel zich een paar keer heeft gedeeld. Dat beginnetje van een paar cellen wordt dan teruggeplaatst in de baarmoeder. Daar kan het kindje op de normale manier verder groeien tot het geboren wordt.

Hoe lang kun je zonder lucht?

Bij zo'n vraag moet je de proef op de som nemen. Ik houd het
1 minuut vol om mijn adem in te houden. Misschien zou ik dat
met een beetje oefenen wel tot 1 minuut en 15 seconden kunnen
verlengen.

Maar je begrijpt al, dat is natuurlijk helemaal niks vergeleken
bij het wereldrecord adem inhouden. Dat staat sinds 8 juni 2009
op naam van de Fransman Stéphane Mifsud. Hij hield 11 minuten
en 35 seconden zijn hoofd onder water zonder te ademen!

Stéphane is *freediver* (vrijduiker). Freedivers duiken in het
water zonder zuurstofflessen en dat proberen ze zo lang mogelijk
vol te houden. Sinds 1996 houden ze ook officiële wedstrijden.

Een van de onderdelen bij die wedstrijden is zo lang mogelijk
onder water je adem inhouden. De freediver ligt daarbij roerloos
in het water, met zijn gezicht naar beneden. Dat stilliggen is
belangrijk, omdat elke beweging energie en dus zuurstof kost.

Hoe kan iemand 11 minuten niet ademen en toch in leven
blijven? Dat komt doordat er heel lang nog wel een beetje zuurstof in de longen zit. Als het hart maar blijft kloppen en het bloed
blijft stromen, dan wordt die zuurstof door het lichaam verspreid.
De cellen en vooral de hersencellen blijven dus zuurstof krijgen,
al is het wel veel minder dan normaal.

Dat is ook het gevaarlijke van deze sport. De kans is heel
groot dat je bewusteloos raakt omdat de hersenen te weinig
zuurstof krijgen. Daarom moet er altijd een begeleider bij zijn
die de duiker in de gaten houdt.

Uiteraard kan een mens dit niet zonder jarenlange training. Het lichaam van een freediver moet er tegen kunnen om tijdelijk minder zuurstof te krijgen. Een freediver moet ook heel goed alle signalen van zijn lichaam leren herkennen en weten wanneer hij echt moet ophouden.

Je moet het bovendien maar willen. Op YouTube staat een filmpje van het record van Stéphane Mifsud. Als je daar alleen maar naar kijkt, krijg je het al benauwd.

Kunnen we over 100 jaar een mens namaken?

Er zijn dokters die beweren dat ze nu al mensen hebben nagemaakt, maar bewijzen zijn daar niet van. Dat er al dieren zijn nagemaakt, is wel zeker.

In januari 2009 werd bijvoorbeeld in Noord-Spanje een Pyreneeën-steenbok geboren. Dat lijkt niks bijzonders, totdat je weet dat de Pyreneeën-steenbok in 2000 is uitgestorven. Toen stierf Celia, het laatste vrouwtje van deze diersoort.

Van Celia zijn stukjes weefsel ingevroren. Het bleek mogelijk om jaren later daarmee een exacte kopie van Celia te maken. Het jong heeft niet lang geleefd. Vlak na de geboorte ging het dood omdat er iets niet goed was met haar longen.

Het kopiëren van een volwassen dier heet klonen. Daarvoor wordt uit een cel van zo'n dier de kern gehaald. In die celkern zit DNA dat alle eigenschappen van het dier bevat. De losse celkern wordt vervolgens in een eicel van een ander dier geplaatst. Uit die eicel is eerst ook de kern verwijderd.

Eicellen zijn bedoeld om een embryo te worden, dat in de moederbuik uitgroeit tot een jong dier. Dat doet de eicel die een nieuwe celkern heeft gekregen dus ook. Eerst nog in een reageerbuisje in het laboratorium. Maar als het beginnend embryo uit ongeveer 100 cellen bestaat, wordt het in de buik van een draagmoeder gestopt. Daar groeit het uit tot een dier dat geboren kan worden. Dat dier heeft dan exact hetzelfde DNA en dus dezelfde eigenschappen als het gekloonde dier.

Het is al verschillende keren gelukt om op deze manier dieren te klonen. Het schaap Dolly uit Schotland was de eerste in 1996. Ze heeft 6 jaar geleefd en 6 lammeren gekregen.

Daarna zijn er veel meer dieren gekloond. In 2003 werd in Italië Prometea geboren, het eerste gekloonde paard. En de eerste gekloonde hond, Snuppy, kwam in 2005 ter wereld.

Kan dit nu ook met mensen? In theorie wel. Een Amerikaans bedrijf beweert zelfs in 2002 al de eerste gekloonde baby te hebben gemaakt voor mensen die op een andere manier geen kinderen konden krijgen. Sindsdien zou Clonaid al bijna 100 mensen hebben gekloond! Bewijzen zijn daar niet van, omdat het klonen van mensen officieel verboden is. Het is ook heel erg ingewikkeld, dus misschien is dat bedrijf alleen maar aan het bluffen.

Toch zal het bewijs voor een gekloonde mens er wel een keer komen. Dat hoeft echt geen 100 jaar meer te duren.

Waarom kunnen een kat en een hond samen geen kindje krijgen?

Het is maar goed dat dat niet kan, want hoe zou je zo'n kindje moeten noemen? Een kond? Dat het niet kan heeft te maken met het DNA, waarin bij elk levend wezen alle erfelijke eigenschappen zitten. Het DNA van een hond en een kat verschillen te veel van elkaar.

Om kinderen te krijgen, moeten ook bij honden en katten een vrouwtje en mannetje met elkaar paren. Als een eicel van het vrouwtje samensmelt met een zaadcel van het mannetje, dan ontstaat de eerste cel van een nieuwe baby.

De eicel en de zaadcel hebben elk de helft van het DNA dat in normale cellen zit. Expres, want als ze met elkaar versmelten heeft de nieuwe cel weer precies de goede hoeveelheid DNA. Zo krijgt

ieder kind de helft van zijn eigenschappen van zijn moeder en de andere helft van zijn vader.

Maar het kan alleen maar wat worden als het DNA van de vader en de moeder met elkaar overeenkomen. Bij een hond en een kat zijn de verschillen echt te groot. Een hond heeft namelijk twee keer zoveel DNA als een kat. Dat wordt dus niks.

In de natuur komt het af en toe voor dat dieren van verschillende soorten samen een kind krijgen. Het gaat dan wel om soorten die erg op elkaar lijken. In 2006 heeft een man in Canada een beer geschoten, die half ijsbeer, half grizzlybeer bleek te zijn.

Er bestaan ook kruisingen van wolven en honden, van paarden en ezels en van zebra's en paarden. En in het Sea Life Park op Hawaï zwemmen 2 walfijnen, ontstaan uit een tuimelaar (een soort dolfijn) en een zwarte zwaardwalvis.

Hoe kan uit een bloembol een bloem komen?

Bloembollen zijn de voorraadkasten van bloemen zoals tulpen, hyacinten, krokussen en narcissen. Dat betekent dat een plant reservevoedsel, dat hij een jaar later nodig heeft om opnieuw uit te groeien, in de bol opslaat.

Een bloembol heeft een kern, die ingepakt zit in dikke schillen die we rokken noemen. Als de bol in de grond zit, begint er in het vroege voorjaar in de kern een stengeltje te groeien. Tegelijk krijgt de bol nieuwe wortels. De voeding die daarvoor nodig is, komt uit de rokken. Die worden daardoor steeds dunner en schrompelen ineen.

Zodra de eerste blaadjes boven de grond uit komen, kan de plant zelf weer nieuw voedsel gaan maken. Zo kan de plant verder groeien tot er een mooie bloem uitkomt. En tegelijk kan hij nieuwe reserves aanleggen voor het volgende seizoen.

Als je nu even een bloembol van dichtbij wilt bekijken, dan moet je gewoon in de keuken een ui pakken. Dat is ook een bloembol. Snij hem door en dan kan je heel goed de rokken van de bol zien. Je kunt een ui ook een paar weken in het uienmandje laten liggen. Dan zul je zien dat er op een gegeven moment een stengel uit begint te groeien.

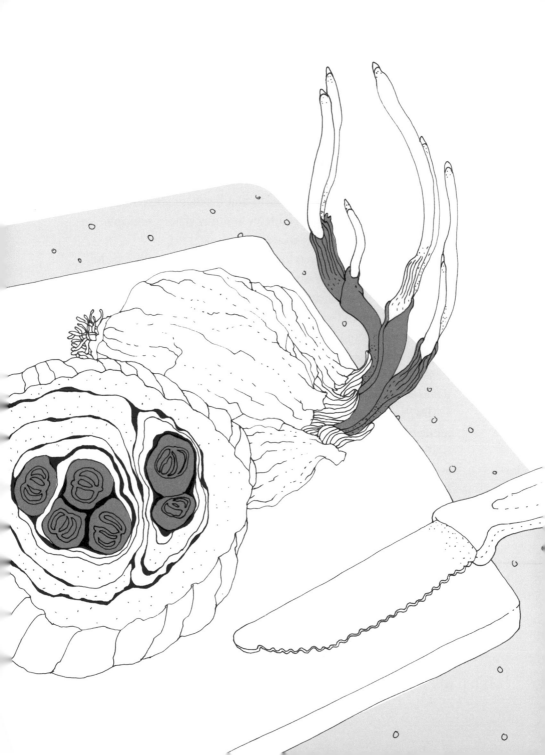

Worden apen later ook mensen?

Je hoort altijd dat de mensen afstammen van de apen. Daarom is het logisch te vragen of apen die nu bestaan later ook in mensen zullen veranderen. Maar dat is niet het geval.

Mensen en mensapen, zoals chimpansees en gorilla's, hebben gemeenschappelijke voorouders. Dat betekent dat er ongeveer 2 miljoen jaar geleden een apensoort heeft bestaan, waar zowel de mens als verschillende mensapen uit zijn voortgekomen.

Dat is niet van de ene op de andere dag gebeurd. De ontwikkeling van nieuwe soorten gaat in hele kleine stapjes. Het duurt honderdduizenden jaren voordat een diersoort zoveel is veranderd dat er echt een nieuwe soort is ontstaan.

De veranderingen ontstaan doordat dieren zich steeds aanpassen aan hun omgeving. Een aap die toevallig iets grotere hersenen heeft dan soortgenoten, is misschien handiger in het vinden van voedsel. Hij wordt daardoor sterker en gezonder en krijgt meer kinderen dan zijn soortgenoten. De kinderen erven die grotere hersenen en geven die ook weer door aan hun kinderen. Duizenden jaren later is er dan een aapachtige soort met zulke grote hersenen, dat het verschil met de oorspronkelijke aapsoort te groot is. Er is dan een nieuwe soort ontstaan.

De oorspronkelijke gemeenschappelijke voorouder van
de mens, de chimpansee en de gorilla is al lang uitgestorven.
Dezelfde verandering van aap naar mens zal dus niet nog eens
gebeuren. Bovendien zijn de omstandigheden op de wereld
helemaal anders.

Maar de verandering van soorten gaat natuurlijk wel door.
Misschien dat over 500 000 jaar een gorillasoort zich helemaal
heeft aangepast aan het leven in steden. Biologen noemen die
nieuwe soort dan vast de 'stadsgorilla'.

Waarom heb ik krullen en mijn broer niet?

Of je krullen hebt of niet, hangt af van je DNA. Net als de kleur van je haar, de kleur van je ogen en hoe je er verder uitziet.

Je DNA erf je van je ouders. DNA zit in de kern van elke cel in je lichaam. Bijvoorbeeld DNA dat de kleur van je ogen bepaalt. Of DNA dat je haar laat krullen of juist niet. Een stukje DNA dat één zo'n eigenschap bepaalt heet een gen. Mensen hebben meer dan 50 000 genen.

In je cellen heb je altijd dubbele genen voor dezelfde eigenschap. Het ene gen komt steeds van je moeder, het andere van je vader. Een kind krijgt daardoor altijd eigenschappen van zowel de vader als de moeder. Zij hebben die eigenschappen op hun beurt ook weer van hun vaders en moeders gekregen. Zo worden die eigenschappen in families steeds doorgegeven aan volgende generaties. Daarom heten het 'erfelijke eigenschappen'.

Tussen de genen zit dus ook een gen dat bepaalt of je krullen hebt of niet. Er zijn drie mogelijkheden. Of je hebt van je moeder een krulgen en van je vader ook. Dan krijg jij ook krullen.

Het kan ook zijn dat je van zowel je vader als je moeder een gen voor steil haar hebt geërfd. Dan heb jij dus ook steil haar.

De derde mogelijkheid is dat je een krulgen en een gen voor steil haar hebt. In dat geval heb je steil haar, want het gen voor steil haar is sterker dan het krulgen.

Als dus twee kinderen in een gezin verschillend haar hebben dan komt dat doordat de een krul-krulgenen heeft en de ander steil-steil- of steil-krulgenen. Gelukkig maar, want anders zouden we allemaal veel te veel op elkaar lijken.

Waarom is een muis klein en een olifant groot?

Het antwoord op deze vraag heeft te maken met het ontstaan van het leven op aarde en de ontwikkeling van soorten. Eencellige bacteriën zijn de oorsprong van alle planten en dieren.

Ongeveer 2,3 miljard jaar geleden bestonden er eencellige bacteriën die zuurstof konden maken. Zo werd de aarde langzaam steeds geschikter voor andere vormen van leven. Er ontstonden kleine plantjes en diertjes van een paar cellen groot. Miljoenen jaren ging dat zo door. Telkens kwamen uit de bestaande soorten weer nieuwe soorten voort. Daarvoor zijn verschillende bewijzen gevonden.

Ten eerste zijn er al heel veel fossielen gevonden van heel veel verschillende soorten planten en dieren. Wetenschappers kunnen berekenen hoe oud die fossielen zijn, door te kijken uit welke aardlaag ze komen. Hoe dieper een fossiel in de aarde verstopt zat, hoe ouder het fossiel is. Zo weten ze in welke volgorde verschillende planten en dieren voorkwamen op aarde. Het begon met bacteriën en andere eencellige planten en dieren. Vervolgens zijn er insecten ontstaan, maar ook vissen en daarna amfibieën, die zowel onder als boven water kunnen leven. Op het land kwamen daar reptielen uit voort, en uiteindelijk ook vogels en zoogdieren.

Ten tweede is er onderzoek gedaan naar het erfelijk materiaal van alle levende wezens: DNA. Dat onderzoek heeft aangetoond dat bepaalde stukjes in het DNA van alle dieren (en dus ook van mensen) min of meer hetzelfde zijn. Dat is een aanwijzing dat alle diersoorten uiteindelijk dezelfde oorsprong hebben.

Dat er toch verschillende soorten zijn heeft met toeval en met de omstandigheden te maken. Er zijn gewoon dieren in alle soorten en maten ontstaan. Kennelijk was er genoeg te eten voor kleine muisjes, zodat deze soort is blijven bestaan. Net zo waren de omstandigheden voor grote olifanten ook goed genoeg om voort te bestaan.

Leeft een computervirus?

Je hebt virussen en computervirussen. Gewone virussen kunnen mensen ziek maken. In je lichaam dringen ze bepaalde cellen binnen, waarna ze zich vermenigvuldigen. Zo'n cel waarin dat gebeurt gaat dan dood. De nieuwe virussen dringen daarna weer de volgende cel binnen.

Verkoudheidsvirussen komen vooral in je neus en keel terecht. Andere virussen bezorgen je een koortslip, waterpokken, de bof of griep. Je lichaam reageert daarop door antistoffen te maken, die uiteindelijk de virussen uitschakelen. Dat duurt een paar dagen. Als je een viruszickte hebt moet je daarom gewoon uitzieken.

Virussen leven zelf niet. Ze bevatten wel stukjes DNA, maar ze bestaan niet uit cellen. Virussen planten zichzelf ook niet voort, maar worden gekopieerd zodra ze in de cellen van mensen of dieren zijn binnengedrongen.

Een computervirus heet zo, omdat het computers 'ziek' kan maken. Een computervirus is een softwareprogrammaatje, dat stiekem in computers wordt gestopt. Dat softwareprogrammaatje zou je kunnen zien als het 'DNA' van het computervirus. Net als bij een gewoon virus bevat het de informatie om te doen wat hij doet en om zichzelf te kopiëren.

Een computervirus zit vaak verstopt in een bijlage van een e-mail. Als je het documentje opent, springt het virus je computer in. Daarom moet je nooit mails van onbekende afzenders openen.

Computervirussen worden door onaardige mensen gemaakt
om computerbezitters te pesten. De virussen zijn bijvoorbeeld
geprogrammeerd om documenten onleesbaar te maken. Sommige
virussen kunnen je computer beschadigen. Soms versturen ze
ook kopieën van zichzelf vanuit jouw computer naar andere
computers.

Daardoor lijkt het misschien of computervirussen leven.
Misschien is dat ook wel zo, want een echt goede definitie voor
leven is er niet. Maar de afspraak is nu eenmaal dat gewone
virussen niet leven, dus computervirussen ook niet.

Hoe lang kun je zonder eten en drinken?

In de regel kan een mens ongeveer 2 maanden overleven zonder te eten en maar 3 dagen zonder te drinken. Vocht is dus belangrijker dan voedsel.

Zonder vocht droogt je lichaam uit. De cellen in je lichaam verschrompelen en kunnen hun werk niet goed meer doen. Als daardoor te veel hersencellen afsterven, raak je bewusteloos en ga je uiteindelijk dood.

Dat je lichaam veel langer zonder voedsel kan, heeft te maken met reserves in je lijf. Alles wat je meer eet dan je direct nodig hebt, wordt door je lichaam bewaard als reserve. Het meeste wordt opgeslagen als vet. Daarom word je dik als je te veel eet, vooral als je meer vet en suiker eet dan je lichaam nodig heeft.

Op het moment dat je lichaam een tijd geen eten krijgt, kan het dan toch nog de nodige voedingsstoffen uit die reserves halen. Volgens sommige mensen is het zelfs heel gezond om af en toe even niet te eten.

Maar als het te lang duurt, raken de eigen reserves op. Dan begint het lichaam belangrijke voedingsstoffen te missen die het nergens meer vandaan kan halen. Daardoor raakt een mens verzwakt en uitgehongerd. Uiteindelijk gaat zo iemand ook dood.

Hoewel. Er zijn nogal wat verhalen over mensen die al
jaren zonder eten en soms ook zonder drinken voortleven.
Het bekendst is het verhaal van een Indiase man van meer dan
70 jaar oud, die beweert al 62 jaar niets meer te hebben gegeten
en gedronken. Hij leeft letterlijk van de lucht. Maar misschien
is hij zelf ook wel van lucht, want er is nergens een bewijs te
vinden dat hij echt bestaat.

Waarom wordt de mens niet ouder dan ongeveer 100 jaar?

Nog maar een eeuw geleden werden mensen in West-Europa gemiddeld 50 jaar. Tegenwoordig worden mensen hier gemiddeld 75 tot 80 jaar oud. In Afrika is dat anders. Het verschilt per land, maar gemiddeld worden Afrikanen niet ouder dan 53 jaar.

Waar komen die verschillen vandaan? Dat heeft alles te maken met kennis over ziektes en het menselijk lichaam, en ook met voeding en geld. In de afgelopen 100 jaar zijn heel veel medicijnen uitgevonden en andere behandelingen tegen ziektes bedacht. Daardoor gaan mensen niet langer dood aan ziektes die vroeger wel dodelijk waren.

In rijke landen hebben mensen ook het geld om genoeg eten te kopen en om, als het moet, naar de dokter te gaan. In arme landen hebben mensen dat vaak niet. Daar kunnen mensen niet altijd genoeg eten kopen voor zichzelf en hun families. En een bezoek aan de dokter of medicijnen kunnen ze al helemaal niet betalen. Terwijl juist de mensen die niet goed te eten krijgen, eerder ziek worden.

In veel landen op de wereld gaan mensen nu dus veel eerder dood dan nodig zou zijn. Want met een beetje meer geld voor eten en medicijnen zouden ze net zo lang kunnen leven als mensen in het Westen.

Maar waarom gaan mensen in rijke landen dan toch rond hun 80ste dood? Dat komt omdat ons lichaam slijt. Op een gegeven moment is iemands lichaam gewoon opgebruikt. Ondertussen zijn er ook nog steeds ziekten waar nog geen medicijnen voor zijn, zoals verschillende soorten kanker.

Bovendien leven veel mensen niet erg gezond. Ze weten wel dat ze niet te veel chips, koek en snoep moeten eten, en dat ze wel veel moeten bewegen en sporten. Maar ze doen het niet. Dat ze daardoor misschien een paar jaar eerder doodgaan dan nodig zou zijn, dat merken ze dan wel weer.

Wat is het oudste levende dier?

Dat zou Jonathan kunnen zijn. Jonathan is 176 jaar oud en blind aan één oog. Hij beweegt zich wat langzaam, maar dat heeft niets met zijn ouderdom te maken. Jonathan is namelijk een reuzenschildpad. Hij woont samen met 3 jonge vriendinnen op St. Helena, een eiland midden in de Atlantische Oceaan.

Van schildpadden is bekend dat ze oud kunnen worden, maar de leeftijd van Jonathan is wel uitzonderlijk. We weten zijn leeftijd bovendien zeker, omdat hij in 1882 naar St. Helena is gebracht. En toen was hij al 50 jaar.

Toch is Jonathan niet het oudste dier op aarde. In 2007 werd bij IJsland een schelp opgevist, een noordkromp, die al 400 jaar leefde. De Engelse bioloog die hem opviste, Paul Butler, kon dat zien aan de jaarringen van de schelp.

Veel schelpdieren maken namelijk elk jaar hun schelp een klein beetje groter. Aan de randjes in de schelp kun je daardoor zien hoe oud die schelp is. Zo kon Butler zien dat de bewoner van deze ene schelp geboren is in de tijd van de voc en de Gouden Eeuw!

Maar nu is hij dood. Op mijn vraag of de dubbelkleppige grijsaard nog leefde, schreef Paul Butler: 'Ik wil niet te veel een harteloze wetenschapper lijken, maar om de jaarringen in zijn schelp te tellen moest het diertje zelf helaas sterven.'

Maar, zegt hij, in de zee rond IJsland leven vele miljoenen van deze noordkrompen en het zou wel heel toevallig zijn als hij net de alleroudste van het stel zou hebben opgevist. 'Het is wel zeker dat er daar heel veel noordkrompen zijn die nog ouder zijn en een interessante vraag is: hoe lang kúnnen ze leven en, natuurlijk, hoe komt het dat ze het zo lang volhouden?'

Als ik het zo hoor zal Paul Butler dus nog wel eens een vierhonderdjarige om zeep helpen.

Blijft leven altijd bestaan?

Een kenmerk van het leven is dat het begint en eindigt. Mensen en dieren worden geboren en gaan na een tijd ook weer dood. Planten beginnen hun leven als een zaadje dat in de grond valt en sterven op een gegeven moment ook weer. Soms na een jaar al, soms pas na duizenden jaren. Maar al het leven heeft een begin en een eind.

Het leven zelf is ook ooit begonnen en het is wel te verwachten dat het ooit zal eindigen. Alleen hebben we het in dit geval niet over honderden of duizenden jaren, maar over miljarden jaren. Het leven op aarde is 2,3 miljard jaar geleden begonnen toen de eerste bacteriën ontstonden. Over 5,5 miljard jaar zou het allemaal wel eens afgelopen kunnen zijn, als de zon verandert in een enorme rode bol.

De zon is een ster van het soort dat ongeveer 10 miljard jaar bestaat. Omdat de zon zo'n 4,5 miljard jaar geleden is ontstaan, heeft ze dus nog 5,5 miljard jaar te gaan. Sterrenkundigen weten precies wat er dan gaat gebeuren. De zon zal eerst enorm opzwellen. Zozeer dat ze in ieder geval de planeten Mercurius en Venus zal opslokken en misschien zelfs de aarde erbij. Maar ook als dat niet gebeurt, dan wordt het door die grote zon toch zo warm op aarde dat er geen leven meer mogelijk is.

Daarna krimpt de zon tot een kleine bol, die eerst nog veel licht geeft en daarom een witte dwerg wordt genoemd. Uiteindelijk zal de zon langzaam uitdoven.

Het leven op aarde is dan dus al lang voorbij. Maar wie weet heeft het leven zich tegen die tijd wel verplaatst naar een andere planeet van een ander zonnestelsel in een ander sterrenstelsel. In 5 500 000 000 jaar kan er nog heel veel gebeuren!

Lees ook de andere boeken uit de vragenserie!

Drinken vissen water?
en andere vragen van kinderen aan Artis
Margriet van der Heijden &
Maarten Frankenhuis
ISBN 978 90 468 0150 5

**Spreken we in Europa straks
allemaal Europees?**
*en andere vragen van kinderen aan
de Europese Unie*
Bas van Lier
ISBN 978 90 468 0205 2

Zwemmen er haaien in de slotgracht?
*en andere vragen van kinderen aan
het Muiderslot*
Herman Pleij
ISBN 978 90 468 0418 6

Krijgt de politie ook wel eens een bon?
*en andere vragen van kinderen aan
de politie*
Christa Carbo
ISBN 978 90 468 0580 0

Heeft de koningin een huissleutel?
*en andere vragen van kinderen aan
het koningshuis*
Cor de Horde
ISBN 978 90 468 0591 6